混凝土隧洞内衬钢板灌胶加固技术原理与实践

宋修昌　贾工作　何鸿政　编著

黄 河 水 利 出 版 社
·郑 州·

内 容 提 要

本书针对钢筋混凝土隧洞内衬钢板灌胶加固技术，较为系统地介绍了结构加固技术的发展历程，粘结的理论研究，压力钢管外压稳定问题理论研究，结构胶的力学性能及本构关系，结构加固计算方法、材料及工艺试验、施工工艺及技术要求等，并详细介绍了该技术在岭南高速公路对回龙电站尾水洞影响处理工程中的实际应用情况。

本书可供从事水利水电工程、铁路、公路等行业隧洞结构加固的科研、设计、施工技术人员参考，也可作为大专院校师生的参考资料和工程案例读物。

图书在版编目(CIP)数据

混凝土隧洞内衬钢板灌胶加固技术原理与实践/宋修昌，贾工作，何鸿政编著. —郑州：黄河水利出版社，2014.5

ISBN 978-7-5509-0805-5

Ⅰ.①混… Ⅱ.①宋…②贾…③何… Ⅲ.①隧道工程－混凝土工程－内衬－粘钢加固 Ⅳ.①U457

中国版本图书馆 CIP 数据核字(2014)第 101475 号

组稿编辑：王志宽 电话：0371-66024331 E-mail：wangzhikuan83@126.com

出 版 社：黄河水利出版社

地址：河南省郑州市顺河路黄委会综合楼 14 层 邮政编码：450003

发行单位：黄河水利出版社

发行部电话：0371-66026940、66020550、66028024、66022620(传真)

E-mail：hhslcbs@126.com

承印单位：黄河水利委员会印刷厂

开本：787 mm×1 092 mm 1/16

印张：8.25

字数：190 千字 印数：1—1 000

版次：2014 年 5 月第 1 版 印次：2014 年 5 月第 1 次印刷

定价：35.00 元

前　言

当前许多混凝土构件或构筑物由于各种原因存在不同程度的设计或施工缺陷、配筋不足、结构开裂或老化等现象，如不及时进行结构加固，将影响其使用功能，甚至发生安全事故。近年来，粘钢技术在加固、修复工程中应用发展较快，技术已经趋于成熟，并广泛应用于桥梁结构、厂房结构、工业与民用建筑结构、水工结构、隧道结构、特种结构等，但应用于水利工程的实例较少，特别是对于正在运行的水工隧洞，不但要解决其结构承载力、防渗等问题，而且处理后隧洞断面不能明显减小，以免影响其正常使用功能。

钢筋混凝土隧洞内衬钢板灌胶加固技术是一项针对已建钢筋混凝土隧洞因缺陷、老化或新建工程影响等因素导致隧洞病险或失效而采取的特殊加固技术。该技术的基本作用机理是在已建混凝土隧洞内壁通过植锚栓的方式将薄钢板沿隧洞圆周紧密固定在洞壁上，然后将内衬钢板以沿洞轴向一定距离为单元焊接在一起，单元之间采用高强结构胶进行封闭处理，最后在钢板与尾水洞洞壁之间的空隙中采用压力灌浆的方法灌注亲水型环氧树脂胶，固化后，将被粘钢板与尾水洞衬砌混凝土牢固地粘结在一起，共同工作，以达到结构加固和防渗的目的。

本书作者及其团队，依托“岭南高速公路对回龙抽水蓄能电站影响处理”工程，针对新建公路隧道工程与已建钢筋混凝土隧洞近距离立体交叉遇到的震动裂缝、岩体强度与稳定性降低、渗漏加剧等问题，提出了水工隧洞内衬钢板灌胶加固方案，通过结构整体分析计算、材料试验、现场试验及加固工艺的理论研究，验证了加固方案的可行性及可操作性，总结出一套系统的施工工艺，取得了良好的加固效果。

本书由宋修昌、贾工作、何鸿政编著，第1、2、6、7、8章由宋修昌执笔，第3、4章由何鸿政执笔，第5章由贾工作执笔，全书由宋修昌统稿。由于作者水平有限，书中难免有不足之处，敬请同行专家和广大读者赐教指正。

书中引用了不少从事结构加固技术理论研究的前辈的研究成果，以及从事该项技术实施的科研、设计、施工、检测等同仁的技术经验，在此，特向他们表示感谢！

作　者

2014 年 3 月

目　录

前　言
第 1 章　混凝土隧洞内衬钢板灌胶加固技术概述 ……………………………… (1)
1.1　结构加固技术的起源 ……………………………………………………… (1)
1.2　国内结构加固技术的发展及现状 ………………………………………… (1)
1.3　粘钢加固技术的改进和发展 ……………………………………………… (2)
1.4　粘钢加固技术在水利水电工程中的应用实例 …………………………… (3)
1.5　水电站压力管道钢衬技术 ………………………………………………… (4)
1.6　混凝土隧洞内衬钢板灌胶加固技术 ……………………………………… (6)
第 2 章　粘结的理论研究 ……………………………………………………… (8)
2.1　粘结机理 …………………………………………………………………… (8)
2.2　水工结构加固耐久性研究 ………………………………………………… (10)
第 3 章　压力钢管外压稳定问题理论研究 …………………………………… (18)
3.1　压力钢管的理论研究现状 ………………………………………………… (18)
3.2　压力钢管外压稳定问题及半解析有限元法 ……………………………… (19)
3.3　埋藏式压力钢管局部稳定性分析的有限柱壳元法 ……………………… (25)
第 4 章　结构胶的力学性能及本构关系 ……………………………………… (38)
4.1　结构胶的种类 ……………………………………………………………… (38)
4.2　国内外研究结构胶的情况 ………………………………………………… (38)
4.3　国内外代表性结构胶的力学性能 ………………………………………… (41)
4.4　结构胶本身的强度及粘结强度 …………………………………………… (47)
4.5　结构胶本身强度及粘结强度的试验方法 ………………………………… (47)
4.6　结构胶的硬度、韧度及疲劳 ……………………………………………… (48)
4.7　结构胶的老化 ……………………………………………………………… (51)
4.8　结构胶的强度与温度变化的关系 ………………………………………… (55)
第 5 章　结构加固计算方法 …………………………………………………… (56)
5.1　有限元法结构应力数值模拟 ……………………………………………… (56)
5.2　有限柱壳元法局部稳定性分析 …………………………………………… (83)
第 6 章　材料及工艺试验 ……………………………………………………… (99)
6.1　加固材料试验性研究 ……………………………………………………… (99)
6.2　现场试验 …………………………………………………………………… (102)
第 7 章　施工工艺及技术要求 ………………………………………………… (109)
7.1　施工环境特点 ……………………………………………………………… (109)
7.2　施工工艺流程 ……………………………………………………………… (110)

7.3 施工技术要求 ……………………………………………………………… (111)
第8章 技术总结及推广前景 ……………………………………………… (124)
8.1 钢筋混凝土隧洞内衬钢板灌胶加固技术总结 ………………………… (124)
8.2 推广前景 ………………………………………………………………… (125)
参考文献 ………………………………………………………………………… (126)

第1章 混凝土隧洞内衬钢板灌胶加固技术概述

1.1 结构加固技术的起源

当前许多混凝土构件或构筑物由于各种原因存在不同程度的设计或施工缺陷、配筋不足、结构开裂或老化等现象，如不及时进行结构加固，将影响其使用功能，甚至发生安全事故。混凝土建筑物结构加固方法很多，可分为直接加固和间接加固两类。直接加固法有增大截面法、置换混凝土加固法、外粘型钢加固法、外粘钢板加固法、粘贴纤维复合材法、绕丝加固法、高强度钢丝绳网片－聚合物砂浆外加层加固法等，间接加固法有外加预应力加固法、增设支点加固法等。外部粘钢法是将承载力满足不了设计要求的钢筋混凝土构件（梁、板、柱）用结构胶粘贴钢板而提高构件承载力的一种方法。这种加固方法的优点是加固后几乎不改变构件的外形和使用空间，却能大幅度提高结构构件的承载力和正常使用阶段的性能，具有施工简便、工期短，对生产和生活影响较小的优点。

结构加固技术在工业领域中的应用，最早可追溯到20世纪30年代。用钢板直接粘在混凝土建筑物上进行补强加固，最早要数南非学者Fleming和King了，他们在1967年做了素混凝土梁外粘钢板代替钢筋的试验，开创了粘钢加固补强的先河。1977年，英国学者埃尔文（Irwin）将钢板粘贴在混凝土梁上进行试验并取得了良好的效果。1983年，英国赛菲尔大学成功地将外粘钢板技术用在一座公路桥上，使原来限载量110 t的桥通过了500 t载重的卡车，这可能是将粘钢补强加固技术用于生产实践的第一个案例。随后，美国的Byrd、Tallamy和Lewis联合公司用外粘钢板法成功地加固了加利福尼亚的一座桥梁。粘钢加固技术得到了越来越广泛的应用。

日本在粘结方面的研究开展得也比较早，他们专门成立了粘结协会，发表了不少有关粘结应力方面的文章，如冈岛贞男等的《粘结夹层梁的振动分析》和古川谆二的《粘结和破坏理论》等。瑞士材料试验研究所关于《用粘结钢板的方法加固钢筋混凝土构件》的文章，对外粘钢板加固混凝土构件的钢板限量及钢板与混凝土之间的应力分布进行了分析，并制定了设计的规范。德国、意大利、印度等国也做了许多试验研究、理论分析、工程实践和检测评估，证明在混凝土构件外粘钢板加固补强加固技术是成熟和有效的。

1.2 国内结构加固技术的发展及现状

结构加固技术从20世纪70年代传入我国，我国第一个采用粘钢方法加固的工程是于1978年完成的辽阳化纤总厂变电所大楼的承载梁，该梁因设计配筋不足，有几根梁多处出现裂缝，宽度超过允许值，成为病危结构。由于该厂是法国援建项目，采用法国西卡杜尔31#（Sika－Dur31#）建筑结构胶进行粘钢加固，收到了良好效果，开创了我国粘钢加固的先河。由于粘钢加固性能优良，比传统加固方法省工、省料、安全可靠，我国政府决定引进并推广这一技术。1980年，国家建设部正式下达了“建筑结构胶粘剂研制及应用技术推广”的研究课题，由中国科学院大连化学物理研究所与辽宁建筑科学研究院共同研制，1983年7月，成功研制出了JGN型建筑结构胶，并通过了鉴定。JGN型建筑结构胶的问世，为在国内开展粘钢加固技术创造了条件，打下了基础，并在全国进行工程试用，收到了良好的经济效益和社会效益，从此，粘钢加固技术的研究和应用在国内迅速开展起来。

首先，辽宁建筑科学研究所制定了《静荷载作用下受弯构件加固技术规定》；1984年卢玉符发表了《钢筋混凝土受弯构件外部粘钢加固技术的试验研究》和《JGN胶及其在钢筋混凝土结构加固中的应用》；1984年8月，上海公路管理处张先梅等发表了《钢筋混凝土空心板梁采用环氧树脂胶粘结钢板提高荷载等级》；1986年贺曼罗发表了《JGN－Ⅱ型建筑结构胶研究与应用》；1986年前后，《粘结》杂志发表了《结构胶的应用》《钢筋混凝土桥梁的粘结加固及胶粘剂选配》等文章；1990年7月，清华大学及河南、湖北、广西、湖南等省的建筑科研单位对简支梁的粘结加固试验及其重复荷载作用下的性能进行了研究，并于1991年4月推出了资料汇编；1988年，武汉水利电力大学弹性力学实验室组成了以侯发亮教授为组长的课题组，与河南省建筑科学研究所合作，对粘钢补强加固课题进行了长达三年时间的试验研究、有限元计算、理论分析及工程实践等综合性系统研究，成功研究了YZJ型建筑结构胶，并翻译出版了《外粘钢板加固技术译文集》，发表了《工程结构粘钢加固研究与应用》，1991年，该课题研究成果通过了原水电部的技术鉴定；根据建设部〔1991〕308号文的要求，由四川省建筑科学研究院会同同济大学、西南交通大学、福州大学、湖南大学、重庆大学、重庆市建筑科学研究院、辽宁省建筑科学研究院、中国科学院大连化学物理研究所等高校及科研、设计、企业等单位共同编制了《混凝土结构加固设计规范》（GB 50367—2006），并由建设部和国家质量监督检验检疫总局联合发布实施。

1.3 粘钢加固技术的改进和发展

随着粘钢技术的广泛应用，为适应不同工程的特点，逐渐派生出一些新的或改进的粘钢方法。

1.3.1 “钢粘钢”的应用

最初的粘钢加固技术，是应用于混凝土结构面的。但是，生产中大量的钢结构（如水利工程中的钢闸门、输水管道，交通工程中的钢桥梁，工厂中的各种钢屋架等）由于锈蚀或损伤，往往造成强度或刚度损害，为解决这类问题，我们在钢构件上采用粘贴钢板的方法进行补强加固。实践证明，在钢结构上粘贴钢板，对提高钢结构的强度和刚度与在混凝土结构中同样显著。

1.3.2 “湿包钢灌胶”的应用

在粘钢加固技术之前，已经有混凝土包钢技术的应用，该技术多半是在浇筑混凝土梁或柱的同时把角钢或钢板浇筑或锚固到混凝土构件中。而在已建成的结构上，先将型钢或钢板锚固到结构需要加固的部位，然后采用高压灌浆技术将结构胶灌入到钢板与混凝土缝隙之间，达到粘钢加固的效果。这种方法我们称之为“湿包钢灌胶法”，它更适合混凝土构件不平整或粘贴钢板较厚的场合。

1.3.3 “粘钢修型”的应用

有些结构并不是强度或刚度的问题，而是形状或尺寸不能满足要求。在已建成构件形状或尺寸的基础上，把它改造或修整成一般用混凝土浇筑不能达到的复杂形状或精度的结构，可采用将钢板在工厂精加工成需要的形状，然后安装在修型的结构上，通过灌入结构胶将精加工的钢板粘贴在已建成的结构上，达到修型的目的。

1.3.4 “点焊湿包钢”的应用

在已建成的大型钢结构上采用焊接方法进行加固，会产生温度应力，或使结构产生大的变形，《钢结构加固技术规范》(CECS 77—96)规定，不允许在已建成的结构上进行大面积的焊接。采用在原钢结构上粘钢，可以避免温度应力和变形。但是，由于结构胶的强度比钢材的强度低，如能有部分焊接帮助，会使加固效果比较圆满。因此，实践中总结出了“点焊湿包钢法”，该方法吸取了焊接和粘钢的优点，互补了两者的不足，目前这种方法正在被广泛应用。

1.3.5 “粘锚联合”的应用

工程中遇到刚度的问题时，粘贴薄钢板加固对提高刚度的效果往往不太理想。我们采用粘贴工字钢、槽钢或角钢的方法进行加固，可以较大地改变结构的截面高度，显著地提高结构的刚度。但是，大面积的型钢仅靠粘结不太可靠，因此先用植筋方法把型钢锚固在被加固结构上，然后灌入结构胶，通过粘结和锚固联合作用，达到改善强度和刚度的效果，这就是“粘锚联合”的加固方法。

1.4 粘钢加固技术在水利水电工程中的应用实例

近年来，粘钢技术在加固、修复工程中应用发展较快，技术已经趋于成熟，并广泛应用于桥梁结构、厂房结构、工业与民用建筑结构、水工结构、隧道结构、特种结构等。但应用于水利工程的实例较少，目前收集到的资料主要有以下几项。

1.4.1 湖北省响水潭水库输水管竖井粘钢加固

湖北省响水潭水库是一座以防洪、引水灌溉为主，兼顾发电、养鱼等综合效益的水利工程，1971 年建成并投入运用。由于施工时输水管闸室钢筋搭接长度不够，以及竖井受不均匀土压力的作用，在 1976 ~ 1993 年几次检查时，发现输水管竖井圆筒底部与闸室连接处的下游侧出现长达 11.5 m，宽 2 ~ 20 mm 的环状裂缝，竖井向库内倾斜，经两次加固处理后，未取得预期效果，裂缝仍继续扩大，竖井倾斜继续发展。1993 年 4 月采用化学灌浆与外粘钢板加固技术对其进行堵漏与加固，经 4 年多运行后再检查，未发现新裂缝，竖井倾斜得到了有效控制,收到很好的效果。

具体施工方案为:粘钢前先采用丙凝化学灌浆技术对裂缝进行堵漏处理,使施工面保持干燥,满足粘钢要求;施工时采用4 mm厚钢板条垂直裂缝环向粘结,将闸室与竖井筒体重新连接成整体,共同承担不均匀土压力的作用,粘钢总面积约50 m^2,单块钢板最大面积0.35 m^2。

1.4.2 万家寨水电站尾水管粘钢改造

万家寨水电站共安装6台水轮发电机组,单机容量18万kW,总装机容量108万kW,该电站1#~6#机组尾水管由哈尔滨电机有限公司提供形状和曲线并制造,而1#~4#水轮机组则选用天津通用电气阿尔斯通水电设备有限公司制造的水轮机,尾水管与水轮机不匹配,效率曲线不满足合同要求。当时尾水管已建成,水轮机正在制造,因此必须对已建成的尾水管进行修型。尾水管修型的目的是改变尾水管不利影响的部分界面体型,使尾水管的整体空间满足效率测试试验中确定的修型尺寸,减少水流产生的气蚀现象,提高水轮机组的效率。尾水管修型与其结构的强度无直接关系,不是对尾水管补强。

修型方案采用灌胶粘钢技术,即在1#~4#机组尾水管肘管顶板下部,不挖除尾水管顶板的原混凝土,在新老混凝土界面上喷涂YZJ-4无机界面胶;在老混凝土上植筋,并用YZJ-2结构胶锚固;在植筋上挂钢筋网,用高速喷射混凝土充填修型体;将8 mm厚钢板按修型体形状要求裁成若干块后,粘结在修型体上,并在钢板与混凝土之间灌注YZJ-3灌注胶。每个尾水管粘钢处理面积为50 m^2左右,是由11块大小不等的钢板组成的。

1.4.3 拉浪水电站闸门粘钢补强

拉浪水电站地处广西龙江河上游,是以发电为主兼顾灌溉的径流式电站,该电站于1971年4月建成发电,在1992年检查时发现溢流坝工作闸门主框架的强度和稳定性不满足规范要求,最大应力超过许用应力的50%以上,应及时采取有效措施处理。最终采用了“点焊灌胶粘钢法”,具体施工工艺为:在灌胶前,将原结构钢板及被粘钢板之间留1~2 mm的缝隙,沿周边点焊,焊接缝长占周边缝总长的20%~30%,用高强结构胶沿被粘钢板周边将未焊接的缝封闭起来,在新老钢板之间用高压灌入结构胶,固化后将新老钢板粘结起来共同受力。1扇闸门粘钢总面积为51.96 m^2,单块钢板最大面积1.56 m^2。

从以上的工程实例可以看出:实例1、实例2的处理工艺和工业与民用建筑、桥梁结构等的加固工艺相同,每块粘钢面积较小,先将钢板与被粘结构面粘贴,如有空鼓,再灌胶;实例3是针对钢闸门的加固,采用“点焊灌胶粘钢法”,先将原结构钢板及被粘钢板沿周边点焊,然后用高强结构胶封缝,最后高压灌入结构胶,每块粘钢面积较小。

从国内外类似加固技术实例来看,目前在国内外尚缺乏针对此类问题的系统性研究和在水工隧洞工程中的大规模实践。

1.5 水电站压力管道钢衬技术

随着国内外大型常规和抽水蓄能电站的兴建,水电站压力管道的HD值越来越大,当引水式水电站引水管道需要穿越山丘或坝后式水电站的引水管道需要穿越坝体时，一般采用地下埋管或坝内埋管的形式，这两种形式的共同特点是利用内衬钢管与周围岩体或者混凝土结构共同受力，来承受较高的内水压力，并可有效防止高压水头下的渗漏。

不论采用地下埋管还是坝内埋管，钢衬的外压稳定是设计中必须考虑的问题，钢衬承受的外压主要有：

(1)钢衬与围岩或混凝土之间的渗透压力，压力大小取决于上游水位或者地下水位。

(2)浇筑管周混凝土时，流态混凝土产生的外压。

(3)管道放空时可能产生的真空。

(4)施工期的灌浆压力。

这类钢管防止外压失稳的工程措施主要有两种，一种是采用锚筋或者锚栓，使钢衬与周围混凝土联结为整体结构，充分发挥外围混凝土对钢衬的约束作用，提高其抗外压失稳能力，如我国的刘家峡水电站，就采用带锚环的钢衬。这种方式节约钢材，易于保证外围混凝土的浇筑质量，但是在钢管的吊运过程中，要采取临时支护措施，以防止钢衬发生塑性变形。另一种是比较传统的工程措施——设加劲环，它可以克服锚环钢管吊运时变形过大的缺点，并且效果显著，安全可靠，工程应用很广，如表 1-1 所示。

表 1-1 采用加劲钢管的部分水电站

国家	水电站名称	压力管道型式	管径(m)
委内瑞拉	古里	坝内埋管	11.4
苏联	布拉茨克	坝内埋管	7.5
中国	岩滩	坝内埋管	10.8
中国	五强溪	下游坝面管	11.2
中国	三峡	下游坝面管	12.4
中国	天生桥	坝内埋管	5.7
中国	安砂	坝内埋管	6.5

压力钢管的外压失稳一直是人们十分关心的问题，我国就发生过几起埋藏式压力钢管失稳的重大事故，已引起人们的普遍重视。压力钢管失稳时管壳变形要受到外部混凝土的约束，使稳定分析复杂得多，不可能得出真正的精确解答。不少学者提出了各自的理论和计算公式。阿姆斯托兹氏(我国简称阿氏)假定，在均匀压力作用下，由于管周压缩，管壳与混凝土之间形成间隙，外压达到临界值后，首先在某处产生一个皱波，进而扩大产生较大的变形，其余部分则与外壁贴合。阿氏的假定比较合理，所求得的结果与不少试验值相符合，而且稍偏安全，目前各国采用较多。华北水利水电大学刘东常教授提出了加劲钢管外压稳定分析的半解析有限元法，使复杂结构形式钢管外压稳定的数值模拟成为可能，并且开辟了壳体结构稳定性半解析数值模拟的新途径。赖华金等也针对加劲压力钢管的外压稳定问题进行了研究，并提出了新的见解。

钢衬压力管道的施工顺序是先将加劲压力钢管安装到位，然后在钢衬压力管道与围岩之间的空隙内灌浆或灌注钢筋混凝土衬砌，由于钢衬外侧有加劲肋，且要考虑浇筑混凝土衬砌的需要,钢衬与围岩之间的距离至少需要 40 cm。这种结构在新建工程中可以应用,如果是混凝土隧洞由于结构受力不足需要加固就很难采用,因为隧洞断面明显缩小,将影响其使用功能。

1.6 混凝土隧洞内衬钢板灌胶加固技术

钢筋混凝土隧洞内衬钢板灌胶加固技术是一项针对已建钢筋混凝土隧洞缺陷、老化或新建工程影响等因素导致隧洞病险或失效而采取的特殊加固技术。该技术首次应用于岭南高速公路对回龙电站尾水洞影响处理工程(简称“岭龙工程”)中,其基本作用机理是在已建混凝土隧洞内壁通过植锚栓的方式将薄钢板沿隧洞圆周紧密固定在洞壁上,然后将内衬钢板以沿洞轴向一定距离为单元焊接在一起,单元之间采用高强结构胶进行封闭处理,最后在钢板与尾水洞洞壁之间的空隙中采用压力灌浆的方法灌注亲水型环氧树脂胶,固化后,将被粘钢板与尾水洞衬砌混凝土牢固地粘结在一起,共同工作,以达到结构加固和防渗的目的。该加固技术基本结构见图 1-1。

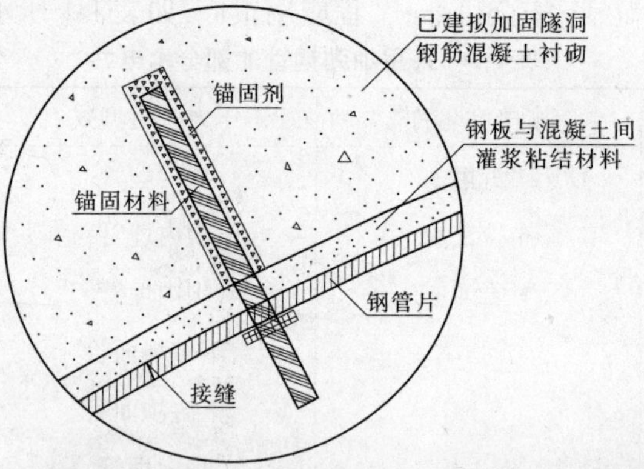

图 1-1 钢筋混凝土隧洞内衬钢板灌胶加固技术基本结构剖面

这种结构加固方式借鉴了工业与民用建筑行业普遍采用的粘钢加固技术和水电站压力管道钢衬技术,将两种技术有机结合,取长补短,利用了水电站压力钢管和混凝土衬砌共同作用能提高结构承载力和抗渗性的原理,并对该技术从理论计算和施工工艺上进行了一系列改进,采用先在混凝土隧洞内壁全断面安装薄壁钢板后灌注结构胶的方法,将薄壁钢板和混凝土隧洞粘结为一体,使钢板、混凝土衬砌、化学锚栓共同作用,以达到有效增强结构稳定性,提高结构承载能力的目的,同时有效降低渗漏量,提高抗渗能力。

岭南高速公路隧道与已建的回龙抽水蓄能电站近距离交叉,公路隧道从回龙电站尾水洞上面穿过,两条隧道底部分别距离尾水洞顶 3. 59 m 和 3. 67 m,使尾水洞顶岩体不能满足最小覆盖层厚度要求,对尾水洞原衬砌结构和渗漏产生影响,经分析计算,需要对尾水洞进行结构加固和防渗处理。经多方案比较,采用尾水洞全断面内衬钢板灌胶加固技术,处理尾水洞总长度 87 m,尾水洞内径 3. 2 m,处理总面积 870 m^2;钢板厚度 6 mm,单块钢板宽 1. 25 m,长 3. 33 m,单块质量 197. 23 kg;钢板安装时采用 ϕ14 化学锚栓固定,锚栓间排距 0. 5 m;钢板与混凝土衬砌之间灌胶亲水性环氧结构胶,单元灌注面积为 25 m^2,灌胶控制压力 0.6 MPa。

经内衬钢板加固处理后，在基本不改变洞径的情况下，内衬钢板与尾水洞混凝土衬砌共同受力，可满足尾水洞结构受力要求，从而保证电站安全运行；同时，处理段尾水洞的渗漏量接近于零，可以保证水库的发电保证率，经济效益和社会效益明显。

2009 年 8 月 25 日，受河南省科学技术厅委托，黄河水利委员会组织有关专家在郑州对黄河勘测规划设计有限公司等三家单位共同完成的“钢筋混凝土隧洞内衬钢板灌胶加固技术研究”项目进行了成果鉴定，主要鉴定意见如下：

(1)该项研究依托“岭南高速公路对回龙抽水蓄能电站影响处理”工程，针对新建公路隧道工程与已建钢筋混凝土隧洞近距离立体交叉遇到的震动裂缝、岩体强度与稳定性降低、渗漏加剧等问题，提出了水工隧洞内衬钢板灌胶加固方案，通过结构整体分析计算、材料试验、现场试验及加固工艺的理论研究，验证了加固方案的可行性及可操作性，总结出一套系统的施工工艺，取得了良好的加固效果。

(2)主要创新点：

①在钢筋混凝土隧洞内采用全断面大面积钢板、化学锚栓及压力灌注结构胶的加固技术，具有创新性和先进性。

本项目研究背景：水工隧洞洞径 3.2 m，每环由 3 块钢板组成，单块钢板质量 197 kg，单元灌注结构胶面积为 25 m^2，灌注总面积为 870 m^2。

②总结了一套系统的水工隧洞内衬钢板数值计算方法、灌胶加固技术和施工工艺。采用的亲水性和耐湿热老化灌注结构胶，成功解决了潮湿环境下结构胶与混凝土的粘结强度问题。

③采用有限元法分析计算证明，加固后整体结构的强度、刚度及稳定性均有显著的提高。

④通过半解析有限元方法对不同内衬钢板外压屈曲稳定计算，结合现场试验，给出了合理的螺栓间距及灌注结构胶的压力控制标准，保证了钢板施工及隧洞检修过程中的抗外压稳定安全。

⑤采用化学锚栓，通过对注胶压力、凝结时间等关键技术的研究，简化了施工工艺，提高了生产效率，增强了钢板与混凝土的锚固和联合工作能力。

(3)该研究成果在基本不改变回龙电站尾水洞洞径的情况下，内衬钢板与尾水洞混凝土衬砌共同受力，可满足尾水洞结构受力和防渗要求，从而保证了电站安全运行和岭南高速公路按期贯通，降低了高速公路的施工难度和运营管理费用，节省了大量的公路投资。经济、社会效益显著，具有良好的推广应用前景。

综上所述，该成果总体达到国际先进水平，在水工钢筋混凝土隧洞全断面大面积内衬钢板灌胶加固技术方面达到国际领先水平。

2009 年，该研究成果获得黄河水利委员会科技进步一等奖；2010 年，获得河南省科技进步三等奖。

第2章 粘结的理论研究

2.1 粘结机理

2.1.1 粘结概念

用粘结剂把两个或者多个构件粘结起来，形成一个能够传递荷载的整体构件，这种通过粘结剂的粘结力使构件表面连接的方法叫作粘结。粘结的过程是一个复杂的物理变化过程，也是一个化学变化的反应过程。物理及化学的过程，在物体的粘结面上产生粘结力，粘结力的产生，不仅取决于粘结剂和被粘结构件表面的构造与状态，而且与粘结过程中的温度、湿度和工艺条件密切相关。研究粘结机理的目的，在于揭露粘结现象的本质，探索粘结过程的规律，为指导粘结加固技术在工程中的开发和应用提供理论依据[1]。

2.1.2 粘结力产生的来源

粘结剂与被粘结构件之间，通过界面相互吸引和连接作用的力，称为粘结力。粘结力的来源是复杂的、多方面的，综合起来主要有化学键力、分子之间的吸附力、分子扩散的交织力、界面静电引力、机械综合作用力等。

2.1.2.1 化学键力

粘结分子与被粘构件表面产生化学发应，在界面上形成化学键结合，像一条条铁链一样，把两者牢固地结合起来

2.1.2.2 分子之间的吸附力

当粘结剂与被粘结物体之间的距离小于5 Å(1 Å = 10^{-10} m)时，分子之间产生相互吸引的作用力，构成粘结剂与被粘结物体间的吸附力。分子之间的吸附力是粘结力的最主要来源。它广泛地存在于所有的粘结体系中。

2.1.2.3 分子扩散的交织力

分子或键段的热运动(微布朗运动)，产生了粘结剂和被粘物体之间相互扩散，从而使一个物体分子跑到另外一个物体的表层里，另一个物体的分子也跑到这个物体的表层里，中间的界面逐渐消失，相互“交织”形成牢固结合的力。

2.1.2.4 界面静电引力

当金属材料与非金属材料(粘结剂)紧密接触时，由于金属对电子亲和力低，容易失去电子；而非金属对电子亲和力较高，容易得到电子，故电子可以从金属转移向非金属，使界面两侧产生接触电势，在粘结剂和被粘结物体之间形成双电层静电引力。由于静电的相互吸引而产生粘结力。

2.1.2.5 机械综合作用力

从物理和化学的观点看,机械作用并不是产生粘结力的因素,而是增加粘结力的一种方法。粘结剂充满被粘物体表面的裂缝或凹凸之处,固化后粘结剂就像许多小锯子一样,在界面产生了齿合力。

在各种产生粘结力的因素中,只有分子间的作用普遍存在于所有粘结体系中,其他作用仅在特殊情况下成为粘结力的来源。通常说的粘结力或者粘结强度,实际上是测定的粘结强度,仅仅是理论粘结强度的一小部分。

2.1.3 粘结界面形成的基本条件

任何两种物体的分子相互靠近时,由于化学键力或者次价键力的作用,分子产生吸附引力。这种吸附引力的产生使分子之间必须充分靠近,即它们的相互距离必须处于引力场的范围内。一般地说,分子间的吸附引力场作用范围不超过 10 Å,能够产生最强吸附的范围为 3 ~5 Å。

粘结剂与被粘结物表面之间,无论在何种情况下,都不可能实现分子的完全接触(即两分子的距离达到 5 Å 左右)。粘结力的产生往往只是在少数分子接触点的基础上形成的。在粘结的过程中,必须在界面中尽可能增加分子接触点的密度。

为了获得一个比较理想的粘结界面,在设计粘结构件的过程中,首先要考虑以下基本条件:

(1)粘结过程中,粘结剂必须是容易流动的液体状物质。液状胶可以通过流动为分子接触提供机会。粘结剂的黏度越低,越有利于粘结分子接触程度的提高。但是实际工艺上粘结剂又往往是具有一定黏度范围的液状物。

(2)粘结剂与被粘结物体之间必须处于洁净状态,使粘结剂在被粘结构件的表面能够自动的充分展开。这样,粘结分子与被粘构件表面分子才有可能充分靠近。表面越清洁且光润,分子接触的机会就越多,粘结的质量也越高。

(3)在洁净的前提下,被粘构件的表面进行适当的粗糙或人为缝隙,以增加粘结剂与被粘构件的实际面积,并形成机械粘合力。

(4)粘结界面在固化的过程中,由于粘结剂本身的体积收缩,胶层和被粘物体二者的膨胀系数不同,粘结界面内不可避免地会产生收缩力。这种应力产生后,一部分会随着粘结剂或被粘分子运动(即松弛工程)而消失,但是总有残留的内应力,残留的内应力对粘结力起破坏的作用。因此,应设法降低残留内应力,如控制固化温度和时间等。

(5)粘结界面中,如果存在薄弱环节,或粘结剂内有气泡及其他缺陷,粘结构件在使用过程中,界面内的应力会产生应力集中现象。粘结界面的设计不合理或粘结工艺处理不当,也会导致应力集中,应尽可能避免。

2.1.4 影响粘结强度的因素

理论上认为,吸附作用、静电作用及扩散作用是影响粘结强度的主要因素。除这三种外还有许多因素对粘结强度产生显著影响,但它们的作用是通过加强或者减弱上述因素进行的。

大量的分析研究表明，影响粘结强度的主要因素有：粗糙度和表面形态、弱界面层的影响、内应力的影响、环境的影响。

被粘物体的表面粗糙程度是产生机械粘结力的根源，机械粘结力是通过加强可展性（即粘结剂在被粘物体表面自动扩展的性能）及吸附作用而得到的。在被粘物体表面增加粗糙度等于增加表面面积。但是在对被粘物体表面进行粗糙化处理时，要根据粘结剂在被粘物体表面的可展情况酌情进行。如粘结体系可展性不好，就不宜糙化处理。

弱界面层的产生是被粘结物、粘结剂、环境或它们共同作用的结果。被粘物、粘结剂及环境中的低分子物或杂质，通过渗析、吸附及聚集过程，在部分或全部界面内产生了这些分子物的富集区，这就是弱界面层。粘结体系在外力作用下的破坏过程必然发生在弱界面层，这就是出现粘结界面被破坏并使粘结力严重下降的原因。

2.2 水工结构加固耐久性研究

2.2.1 研究进展

我国于 20 世纪 80 年代末开始开发研制钢筋混凝土构件外部粘钢加固补强的新技术及使用建筑结构胶新材料，随后在工程中应用。近几年来，北京以及全国一些大城市使用进口的或国产的建筑结构胶对新、旧钢筋混凝土结构进行粘钢加固补强或粘锚钢筋发展迅速，目前年产值以亿元计。据了解，结构胶所用的基料多是耐老化性能比较好的环氧树脂类高分子化合物，其初期粘结强度很高，效果很好，能够满足设计及施工等各方面要求。但有机高分子化合物本身在不同环境条件长期作用下，老化或劣化是必然的现象，这可能导致结构强度尤其是结构与钢板界面粘结强度的下降，使粘钢加固补强衰减或失效。然而，因影响结构胶和粘钢构件耐久性的因素比较复杂，下面将结构胶本身及用结构胶将钢板与混凝土粘结后，在不同环境条件下其粘结强度的变化规律进行研究，从而探索粘钢加固补强的钢筋混凝土构件安全使用的条件。

李龙光[2]采用加速曝露（曝露时间为 2 000 h，试件 3 个）和自然曝露（曝露时间为 3 年，试件 9 个），将一个由深槽环绕的构件粘贴在此前曝露试验的试件表面，进行抗拉试验以确定粘结强度。加速曝露的试验设备为紫外线强光仪，试验条件为板块温度（63 ± 3）℃，喷射周期为 18 min/120 min。试验结果表明，没有发现粘结强度有任何损失。他还研究了紫外线照射对粘结剂的影响。方法是将涂了环氧树脂的直径 3 mm 的 CFRP 棒，用紫外线光源对试件进行 10 000 h 加速曝露之后，用红外线光谱仪对结构表面及表面下 2 μm 深度的部位进行分析。作为参照，同样对没有做加速曝露试验的试件进行了分析。结果表明，在曝露试验前环氧树脂在波长为 820 cm 时的粘结力可见于试件的表面及表面下 2 μm 深处，而在曝露之后的试件中粘结力只见于试件表面以下 2 μm 深处，表面层则没有。这表明粘结力的减退只发生在环氧层表面，而在环氧层表面以下则没有问题。

杨勇新等[3]做了冻融循环、湿热老化和水浸老化试验研究。冻融循环的温度范围是 -25 ~ 65 ℃，分别在 -25 ℃环境中放置 1 d，然后在 65 ℃下放置 1 d，循环 20 次。湿热老化的空气湿度为 100%，空气温度为 25 ℃，放置 30 d 后进行测试。水浸老化是在 25 ℃

水温下放置 30 d 后进行测定。试验结果表明,这 3 种老化方式对浸渍树脂的拉伸强度影响很小。特别是在经历了冻融循环后,拉伸强度反而更高了。这主要是因为高温能进一步促进固化反应,提高了固化物的拉伸强度和模量。从剪切强度老化性能来看,加完增韧剂后的配方经老化后剪切强度的确有所降低。其中,湿热老化和水浸老化的剪切强度均降低了 20% 左右。然而从强度的绝对值上看,老化后的固化物剪切强度还是远远高于未加增韧剂的固化物。

肖建庄等以耐化学腐蚀能力为切入点,对粘结剂的耐腐蚀性能做了探讨。分别完成 pH 值为 4 和 12 的酸、碱介质中的 0 ~ 2 500 h 加速腐蚀后进行了静力单调荷载下的双剪试验和正拉试验。在试验结果对比分析的基础上,研究了酸碱环境对纤维布与混凝土之间的剪切和正拉粘结强度随时间变化的规律。研究结果表明,酸性介质对粘结强度的影响较明显一些;相对于正拉粘结强度,腐蚀介质对剪切粘结强度的影响较为显著。

2.2.2　试验与分析方法

目前,试验方法主要有加速试验方法和自然曝露方法。采用加速试验方法进行检测,一般采用恒定应力作用下随时间发展的蠕变值评估粘结剂的长期力学性能。对改性环氧类粘结剂,测定蠕变发展的时间应不少于 5 000 h;对其他新胶种,应不少于 9 000 h 。测定结果可采用 Findley 公式或其分支的简化公式对胶体耐环境性能进行评估。自然曝露是对在自然状态保存相对较长时期的试件进行研究。在耐久性试验研究内容方面,目前采用最多的是耐湿热老化试验和耐冻融循环试验,耐化学腐蚀试验也逐渐受到重视。

(1)耐湿热老化。一般认为在大气环境中湿、热的共同作用是粘结剂粘结老化的主要原因。现行国家标准中可供选用的加速老化试验方法只有两种:①模拟户外湿热自然天气环境的人工气候加速试验方法;②恒湿、恒温的湿热老化试验方法。试验表明,以 63 ℃黑板温度和每隔 102 min 喷淋 18 min 为条件,持续进行 4 000 ~ 5 000 h 老化,与以 60 ℃气温 98% 相对湿度为条件,持续进行 2 500 ~ 3 000 h 老化相比。若为同种优质的承重结构粘结剂,其粘结剪切强度的老化效应大致相当。

(2)耐冻融循环。高低温周期交变所起的冲击作用使胶层产生很大的内应力,并引起开裂。这项检测的目的在于考核粘结剂粘结的抗裂缝增长能力。一般测试方法是将试件分别在不同温度环境中周期性存放,经过一定循环后测试其力学指标变化。

(3)耐化学腐蚀。随着纤维加固技术在工业建筑(尤其是海工)、道路桥梁工程中的应用,粘结剂耐化学腐蚀的研究越来越引起各方面的重视。目前在这方面的研究较少,还没有统一的试验标准。现在比较常见的试验方法是在恒温或自然气候下,试件与腐蚀介质直接接触一定时间后测试其力学性能指标变化,或通过红外线检测其微观结构变化。腐蚀模型分析一般采用 Ficks 第一定律和第二定律。

粘结剂的耐久性研究越来越引起工程技术人员的重视,除加速试验方法和自然曝露方法两种主要测试方法外, 耐化学腐蚀试验也逐渐引起重视,目前采用最多的是耐湿热老化试验和耐冻融循环试验。持荷和非持荷状态下粘结剂的耐久性能如何检测、加速试验结果如何等效换算为自然曝露条件下结果,目前还没有普遍认可和简易可行的标准与方法,因此探讨粘结耐久性的有效试验方法和可行的简化耐久性计算方法也是亟待完成的科研课题。

2.2.3 试验分析

2.2.3.1 结构胶的选择

选取建筑结构加固工程中常用的两种结构胶,将其编为 $1^{\#}$ 和 $2^{\#}$。这两种结构胶都是以低分子量的双酚 A 型环氧树脂为基料。固化剂方面,$1^{\#}$ 结构胶以低分子量聚酰胺树脂为主,$2^{\#}$ 结构胶以酚醛胺树脂为主。环氧树脂结构式为

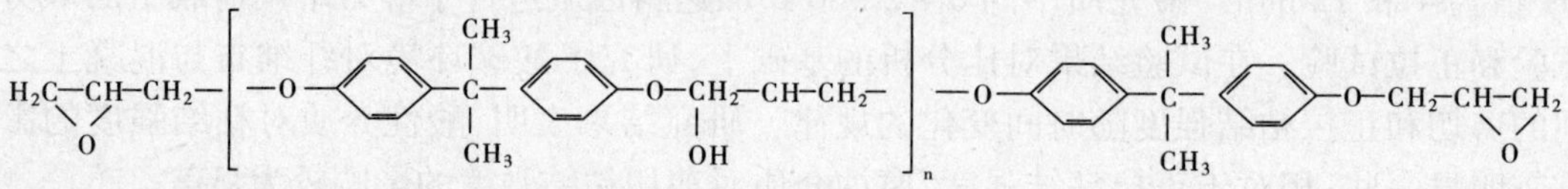

简化为

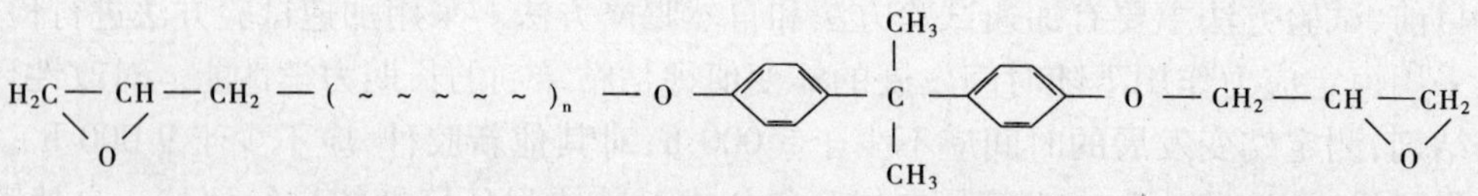

(1)环氧树脂与聚酰胺交联后的单元结构简式为

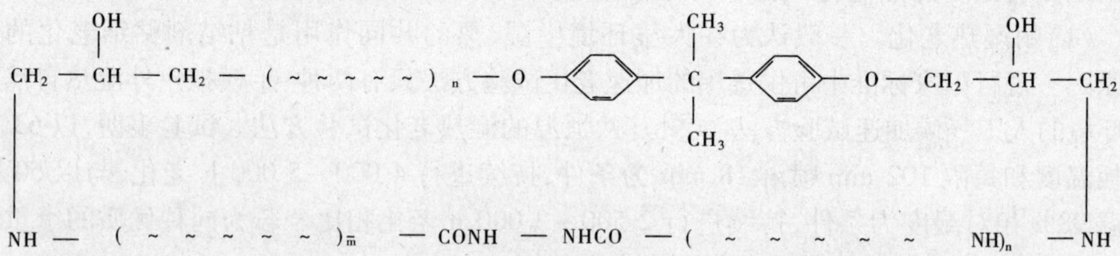

(2)环氧树脂与酚醛胺交联后的单元结构简式为

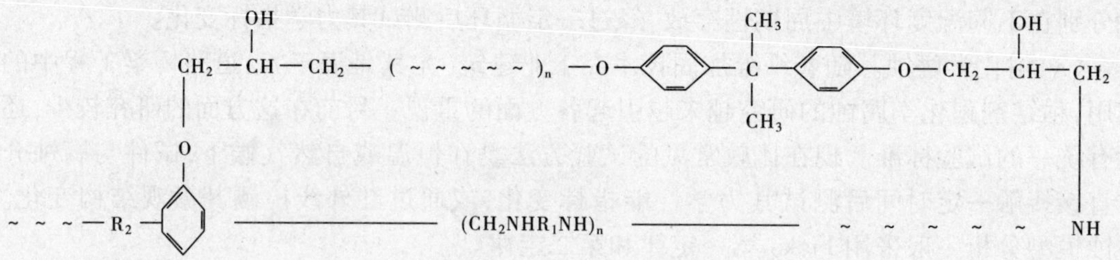

聚酰胺和酚醛分子中的活泼氢均可与环氧树脂中的 αC—O 断键交联成更大的分子,产生强大的粘结力。

2.2.3.2 试样的制备

(1)将结构胶制成 ϕ 20 mm × 20 mm 圆柱体,做抗压强度试验。

(2)用结构胶将钢板与钢板粘结，做拉剪强度试验。

(3)用结构胶将钢板与混凝土粘结，做压剪强度试验。

(4)将结构胶固化物经不同条件处理后，做远红外光谱试验。

2.2.3.3 试验结果

1. 室内外大气环境对结构胶抗压强度的影响

室内外大气环境对结构胶抗压强度的影响见表 2-1。

表 2-1 室内外大气环境对结构胶抗压强度的影响

胶号	项目	原始抗压强度(MPa)	1 年抗压强度(MPa)	2.5 年抗压强度(MPa)
1#	室内大气中放置	72.7	72.3	71.0
	室外大气中放置		69.5	68.1
2#	室内大气中放置	75.5	73.5	72.8
	室外大气中放置		72.3	71.6

2. 水对结构胶抗压强度的影响

水对结构胶抗压强度的影响见表 2-2。

表 2-2 水对结构胶抗压强度的影响

	浸水时间	原始	3 d	15 d	30 d	3 月	6 月	1 年	1.5 年	2 年	2.5 年
1#	抗压强度(MPa)	72.7	72.5	71.6	67.6	60.3	54.8	49.2	47.5	46.2	45.6
	下降率(%)	—	0.2	1.5	7.0	17.1	24.6	32.3	34.7	36.5	37.3
2#	抗压强度(MPa)	75.5	75.4	74.0	70.6	63.7	58.6	54.9	54.0	53.2	52.7
	下降率(%)	—	0.1	2.0	6.5	15.6	22.4	27.3	28.5	29.5	30.2

3. 饱和氢氧化钙水溶液对结构胶抗压强度的影响

饱和氢氧化钙水溶液对结构胶抗压强度的影响见表 2-3。

表 2-3 饱和 $Ca(OH)_2$ 水溶液对结构胶抗压强度的影响

	浸泡时间	原始	5 d	15 d	30 d	60 d	90 d	2 年
1#	抗压强度(MPa)	72.7	68.3	56.0	49.9	48.6	48.2	46.5
	下降率(%)	—	6.0	23.0	31.4	33.1	33.7	36.0
2#	抗压强度(MPa)	75.5	72.3	68.6	64.0	50.9	49.6	47.0
	下降率(%)	—	4.2	9.1	15.2	32.6	34.3	37.7

4. 水对钢板与钢板粘结抗剪强度的影响

水对钢板与钢板粘结抗剪强度的影响见表 2-4。

表 2-4　水对钢板与钢板粘结抗剪强度的影响

环境条件		原始	室内放置 2 年	室内放置 2 年后浸水时间(d)				
				1	3	8	30	90
1#	抗剪强度(MPa)	15.9	14.5	14.3	13.6	8.9	7.6	6.8
	保持率(%)	—	91.2	89.9	85.5	56.0	47.8	42.8
2#	抗剪强度(MPa)	14.3	13.5	12.9	10.0	8.2	6.1	4.9
	保持率(%)	—	94.4	90.2	69.9	57.3	42.7	34.3

注:表内试件破坏均发生在钢板与结构胶的界面。

5. 水对钢板与混凝土粘结压剪强度的影响

水对钢板与混凝土粘结压剪强度的影响见表 2-5。

表 2-5　水对钢板与混凝土粘结压剪强度的影响

环境条件		室内放置 2 年	室内放置 2 年后浸水时间(d)			
			1	3	8	30
1#	粘结压剪强度(MPa)	6.9	6.0	6.3	6.2	5.9
	混凝土抗压强度(MPa)	43.4	37.8	39.3	39.3	36.8
2#	粘结压剪强度(MPa)	6.5	5.9	7.5	6.0	6.3
	混凝土抗压强度(MPa)	42.4	36.4	41.4	36.7	38.7

注:表内试件破坏均发生在钢板与结构胶的界面。

6. 冻融对钢板与混凝土粘结压剪强度的影响

冻融对钢板与混凝土粘结压剪强度的影响见表 2-6。

表 2-6　冻融对钢板与混凝土粘结压剪强度的影响

环境条件		室内放置 2 年	室内放置 2 年后冻融循环(次)			
			5	10	20	30
1#	粘结压剪强度(MPa)	6.9	4.7	4.6	4.5	4.2
	混凝土抗压强度(MPa)	43.4	41.2	39.5	39.0	38.2
2#	粘结压剪强度(MPa)	6.5	4.9	4.8	4.7	4.5
	混凝土抗压强度(MPa)	42.4	41.7	39.6	39.4	38.0

7. 结构胶经不同条件处理后的远红外光谱分析结果

结构胶经不同条件处理后的远红外光谱分析结果见图 2-1 ~ 图 2-4,图中曲线编号含义见表 2-7。

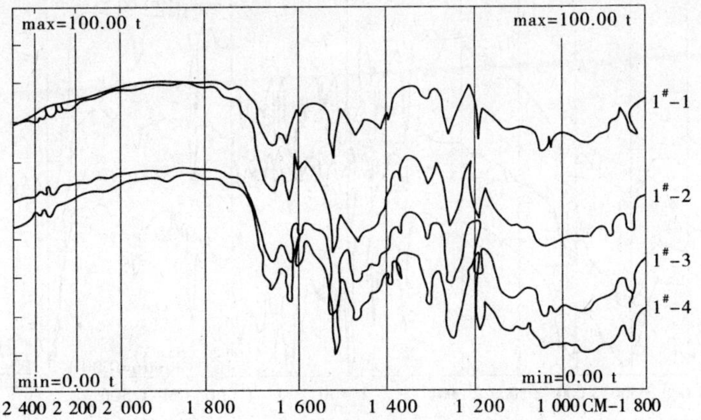

图 2-1　1#结构胶远红外光谱图

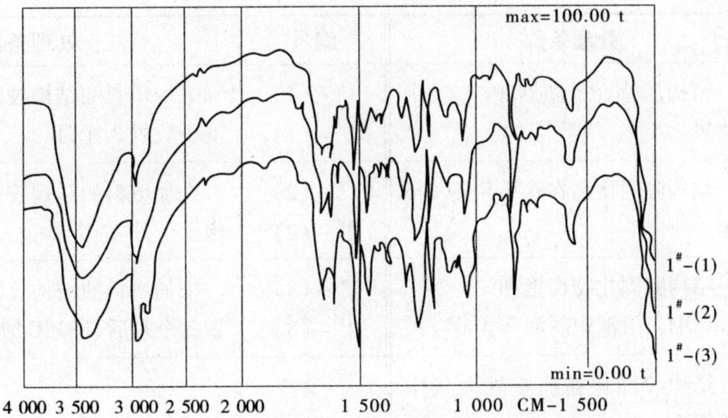

图 2-2　1#结构胶未加填料的远红外光谱图

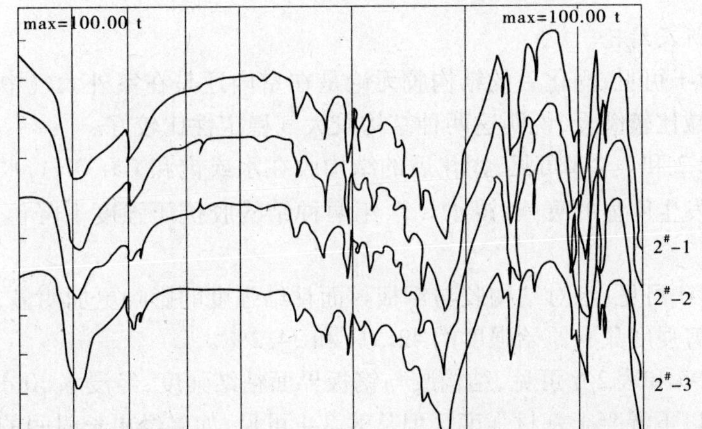

图 2-3　2#结构胶远红外光谱图

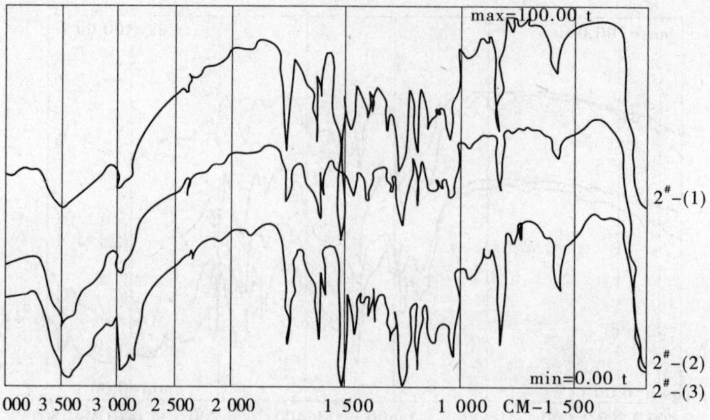

图 2-4　2#结构胶未加填料的远红外光谱图

表 2-7　图 2-1 ~ 图 2-4 曲线编号含义

编号	处理条件	编号	处理条件
1# −1 2# −1	结构胶固化物在室内大气中放置 2.5 年	1# −(1) 2# −(1)	未加填料的结构胶固化物在室内大气中放置 3 个月
1# −2 2# −2	结构胶固化物在水中浸泡 2.5 年	1# −(2) 2# −(2)	未加填料的结构胶固化物在水中浸泡 3 个月
1# −3 2# −3	结构胶固化物在饱和 $Ca(OH)_2$溶液中浸泡 2.5 年	1# −(3) 2# −(3)	未加填料的结构胶固化物在室内放置 3 个月后，150 ℃加热 10 min
1# −4 2# −4	结构胶固化物在室外大气中放置 2.5 年		

8. 试验分析及结论

(1)从表 2-1 可见，固化后的结构胶无论是在室内还是在室外大气中放置 2.5 年，其抗压强度的衰减比较缓慢，说明这两种结构胶大气稳定性比较好。

(2)从表 2-2 和表 2-3 可见，固化后的结构胶在水或饱和 $Ca(OH)_2$水溶液中浸泡后，其结构强度将发生明显的衰减，浸水 2.5 年两种结构胶抗压强度下降值 1#为 37.3%，2#为 30.2%。

(3)从表 2-4 可见，水对结构胶与钢板界面粘结强度的影响更加明显，浸水 90 d，钢板与钢板粘结拉剪强度只有原始强度的 42.7% 和 34.2%。

(4)从表 2-5 和表 2-6 可见，结构胶与钢板界面粘结强度，经浸水 30 d 或冻融 30 次循环仍超过 C40 以下混凝土基材强度。但从表 2-4 可见，如果经更长时间的浸水或冻融，结构胶与钢板界面的粘结力会继续衰减下去，很有可能结构胶与钢板界面的粘结强度低于混凝土本身强度。这对于钢筋混凝土构件的粘钢加固补强是非常不利的。

(5)从图 2-1 ~ 图 2-4 可见，这两种结构胶的固化物在水中或饱和 $Ca(OH)_2$水溶液中或室外大气中放置 2.5 年后，其远红外光谱图形没有发生太大的变化，环氧键、C—N 键和酰胺键都比较稳定，说明整体结构比较稳定。但在波数为1 420左右的C—H键区和波数为1 200左右的C—O键区，结构胶经过水和饱和$Ca(OH)_2$水溶液浸泡后，波峰则发生了明显变化。如1# -1的C—H键区中的1 414波峰在1# -2和1# -3中均消失，而1 494波峰在1# -2中则位移到1 327处。同样，不加填料的结构胶1# -（1）中的1 412波峰在1# -（2）和1# -（3）中也位移到1 423和1 421处。2#结构胶2# -（1）中的1 421波峰在2# -（2）中位移到1 410处。在1# -1中的C—O键区的1 124波峰在1# -2中消失，在1# -3中位移到1 114处。在官能团中的C—O键区（波数为1 900左右）和C-H键区（波数为2 900左右），两种结构胶浸水后也都发生了一些变化，但这部分对强度影响不大。在部分骨架中，C—H键及C—O键的部分断裂就会对结构胶的强度产生较大的影响。C—H键的断裂主要影响结构胶与钢板界面的粘结力，C—O键的断裂则使大分子网状结构的分子量变小，结构强度降低。

因此，从以上的试验及分析可以得到：

（1）以环氧树脂为基料的结构胶，在室内大气环境和静荷载条件下，其粘结强度的衰减比较缓慢。用于钢板与钢板粘结，当拉剪强度试验值≥16 MPa时，能保证钢筋混凝土外部粘钢加固补强长期的有效性。

（2）以环氧树脂为基料的结构胶，不管用哪类固化剂，若长期浸水，环氧树脂固化交联的大分子结构中C—O键和C—H键会受到水解作用而产生部分断裂，使交联网状结构的分子量变小，以至结构强度下降，尤其是钢板与结构胶的界面粘结强度将发生严重的衰减而劣化。微量碱的存在会激活水解效应。

所以，长期处在潮湿环境，尤其是水中的钢筋混凝土构件不宜使用结构胶进行外部粘钢法加固补强。

第3章 压力钢管外压稳定问题理论研究

3.1 压力钢管的理论研究现状

工程力学与工程数学是压力钢管理论研究的基础，随着两门学科基本理论的完善和发展，压力钢管的理论研究也经历了由简单到复杂、由近似到精确的发展过程。

20世纪50年代以前，由于大量计算工作依赖于手工进行，所以压力钢管结构分析方法和理论仅局限于线弹性范围内的解析法，结构模型仍然采用简化的理想模型。如压力钢管经济直径的计算，只是通过有限的可行性方案进行比较加以确定，或者按照简化的经验公式求得。

20世纪50年代初期，电子计算机的发展与应用使工程力学、结构优化、结构非线性分析、结构动力学计算等理论取得了突破性的进展。特别是有限单元法的出现，使人们可以采用数值计算方法通过计算机模拟复杂结构的受力状态，从此压力钢管的理论研究进入了一个新时期。世界各国在水电站压力钢管结构的应力及强度分析、非线性有限元分析、温度应力、优化设计、动力计算、垫层材料研究、结构模型试验、断裂分析、弹塑性分析等方面进行了广泛深入的研究，取得了丰硕的成果。

20世纪60年代后期，钢衬钢筋混凝土压力管道新型结构的成功应用，给水力发电科技工作者开辟了新的领域。苏联专家通过大比例尺模型试验和工程应用经验，向人们证实了钢衬钢筋混凝土压力管道的经济性、合理性、安全性及实用性，并根据其受力特点和工作原理，提出了正交异性多层环的组合结构分析方法和设计理论。

20世纪80年代以来，我国武汉大学马善定，水利部科技司董哲仁，大连理工大学董毓新、路振刚，华北水利水电学院刘宪亮，中国水利水电科学研究院鲁一晖，武汉钢铁设计研究院赖华金等，在压力管道结构模型的建立与改进、静力非线性有限元分析、外压稳定分析、压力钢管与厂坝联结形式优化、分布裂缝动弹模理论、不均匀水压力影响、动力分析与动力试验、温度应力分析等方面，均取得了开创性的理论成果。这些研究成果为工程设计和施工提供了较强的理论依据，并促进了我国水电站压力钢管的发展和应用。

20世纪80年代末到90年代初期，华北水利水电学院刘东常开创性地运用了半解析有限元法[5]解壳体结构稳定性问题。曾先后开展了预应力U形薄壳渡槽稳定性分析的半解析有限元法的研究、地下埋藏式钢管外压失稳屈曲问题的分析及试验研究等多项工作，为壳体结构稳定性分析和设计的理论研究与工程应用走出了一条新路。尤其是在研究过程中引入了计算机分析及程序设计手段，大大提高工作效率的同时，研究成果技术含量更高，实用价值更大，开辟了结构稳定性理论分析计算机化的新路。

3.2 压力钢管外压稳定问题及半解析有限元法

3.2.1 结构稳定性问题

稳定性问题是力学研究中的一个重要课题，广泛涉及建筑工程、机械、航空航天、船舶、大型薄壁压力容器和水利工程等领域，例如高层建筑、飞行器、核反应堆压力外壳以及水工结构中的高 HD 值压力钢管、U 形薄壳渡槽、水闸闸门等结构中都存在着稳定性问题。从理论上来考察稳定性问题，存在着三种不同的平衡状态：稳定平衡状态、不稳定平衡状态和中性平衡状态。假设结构原来处于某种平衡状态，后来受到轻微干扰而稍微偏离原来位置。当干扰消失后，如果结构能够回到原来的平衡位置，则原来的平衡状态称为稳定平衡状态；如果结构继续偏离，不能回到原来的位置，则原来的平衡状态称为不稳定平衡状态。结构由稳定平衡状态发展到不稳定平衡状态的中间状态称为中性平衡状态。随着荷载的不断增大，结构的原始平衡状态可能会由稳定平衡状态转变为不稳定平衡状态，这时原始稳定平衡状态丧失其稳定性，简称失稳。

因此，在结构设计中，应当对结构进行强度验算和稳定验算。其中强度验算是最基本和必须的，但在某些情况下稳定验算就显得十分必要。许多建筑物在要求承载力尽可能大的同时也要求自重尽可能地小，随着设计理论、施工工艺和技术的进步以及建筑材料的发展，这类结构在设计上越来越多地采用了诸如细杆、薄板、薄壳等构件，而影响这类构件承载能力和结构安全性能的关键性问题就在于结构的稳定性。如果对此问题考虑不当，就有可能因为结构失稳而丧失承载能力，造成生命财产的重大损失。1907 年加拿大圣劳伦斯河上的魁北克桥、1922 年美国华盛顿的镍克尔卜克尔剧院、1966 年我国广东鹤地水库溢洪道上的弧形钢闸门、1987 年美国哈特福市的体育馆网架屋盖等都是由于结构失稳而酿成事故的典型事例，所以研究结构的稳定性具有重要的理论价值和工程实际意义。

3.2.2 稳定性理论的提出与发展

1744 年，著名数学家欧拉（Euler）提出了压杆稳定公式。1885 年彭加瑞（Poicare）首次明确地提出了稳定概念。在以后相当长时间里，长压杆结构在失稳屈曲之前，压力就早已超过了材料弹性极限，欧拉公式已经不适用，所以欧拉理论未能够得到正确的认识和应用。直到 19 世纪末，大量的试验研究为弹塑性稳定理论的形成和发展提供了许多详尽可靠的数据资料，为恩格赛（Engesser）切线模量理论和卡门（Karman）折算模量理论提供了试验基础，这些理论研究和试验工作进一步深化了对稳定概念的理解。以后由于工程实际中薄壁轻型结构的采用，又提出了一系列的实际课题，证明欧拉稳定理论概念对某些问题不适用，如 1929 年瓦格纳（Wagner）和 1940 年符拉索夫等提出了薄壁杆件弯扭形式的失稳理论，所得到的临界荷载值大大低于欧拉理论的临界值。20 世纪初期，人们开始采用小挠度理论推导圆筒薄壳结构的临界应力，但其理论值远远超过当时的试验值。之后唐纳尔（Donnel）、卡门（Karman）和钱学森等采用了大挠度理论分析圆筒形薄壳结构受周向压力作用下的屈曲问题，但理论值和试验值有较大差距。20 世纪 40 年代，荷兰学者柯依托(Koiter)提出了著名的初始后屈曲理论,分析了分叉点邻域里即屈曲后初始阶段各平衡位形的稳定性,并由此提出了“初始缺陷敏感性”的概念。柯依托提出的是一种普遍理论,这种理论将实际结构的缺陷敏感度与理想的完善结构的初始后屈曲性能联系起来了。60 年代斯坦因 (Steins) 提出了前屈曲一致理论,认为圆壳的线性理论把壳体失稳前的平衡状态假设为无矩状态不合理,因为这种假设和结构的边界条件不协调,实际上应当把屈曲前的平衡状态当作非线性的有矩状态处理,使其与边界条件一致,用这一计算理论所得圆柱壳受轴向压力时的临界失稳应力比线性理论(即小挠度理论)的理论值低百分之十几,与近代的试验值十分接近。随着力学分析理论和计算技术、手段的不断发展,稳定理论与非线性理论越来越紧密,只有通过对结构的几何非线性关系以及材料非线性关系的本构关系作更进一步的研究,才能进一步揭示更加复杂的失稳屈曲现象。

非线性稳定性理论包括两种因素,即材料的物理非线性和几何非线性。如果结构在失稳之前已经发生塑性变形,则在失稳时物理因素和几何因素这两种非线性互相影响,使结构的屈曲过程十分复杂。对于薄板和薄壳的弹性失稳问题来说,非线性影响主要是大变形(大位移)所引起的,这就是几何非线性影响。早期的轴压薄柱壳和均匀外压的薄球壳的试验临界压力只有经典线性理论预测值的 1/5 ~ 1/2。这一差别引起了许多研究者的重视和思考。从 20 世纪 40 年代以来,在非线性稳定性理论和试验方面进行了大量的研究工作。直到最近,这一研究课题仍然是薄壳稳定性理论的研究领域中最重要的基本研究方向之一。现在已经明确了这一经典难题的困难在于超临界的后屈曲状态存在一种对应于最低荷载的平衡位形。这种后屈曲平衡位形在远低于临界荷载的情况下存在,其结果就是使轴压圆柱形薄壳和均匀外压薄球壳对于任何微小扰动和初始几何缺陷都表现出极度敏感。

现代非线性稳定理论可分为三个发展阶段,即非线性大变形稳定性理论、非线性前屈曲一致理论(斯坦因理论)、初始后屈曲理论(柯依托理论)。这三个发展阶段是从早期轴压圆柱壳的试验结果与线性理论的巨大差别时,引起许多研究者的重视,并努力寻求解释方法而逐渐形成的。三个分支以各自的创造性工作极大地丰富了稳定理论的知识宝库,作出了卓越的贡献。20 世纪 60 年代到 70 年代间,一些试验研究所示的轴压柱壳后屈曲图景不同于这些理论所得的计算值,却没有引起足够的重视。三大理论尚无法予以圆满的解释,从而显示了它们的不足。同时,也有人想到将三个理论的优点集合在一起的办法。人们经过多年的探索,在新的试验结果所提供的极其宝贵的感性资料的基础上,建立了更一般的弹性稳定性理论,即薄壳屈曲的边界层理论。

薄壳屈曲的边界层理论的要点如下:在圆柱薄壳屈曲问题中,非线性前屈曲行为仅在支承边界附近很窄的一个薄层内起主要作用,这一薄层称为边界层,它的宽度量级为 $\sqrt{Rt}$;在这一很薄的边界区域中挠度变化很激烈,其边界层的“外部区域”非线性前屈曲的影响可以忽略。这一分析方法是沈惠申等在 20 世纪 80 年代提出,于 90 年代初完成的。他们在非线性稳定性理论三大分支的成就与不足的基础上,首次提出了圆柱薄壳屈曲的边界层理论。理论顾及了前屈曲非线性效应、后屈曲跳跃和初始缺陷的影响。将 Karman – Donnel 大挠度方程化为边界层型方程,以挠度为摄动参数,采用奇异摄动法研究了圆柱壳在各种荷载作用下的屈曲行为,得到了一些高级先进的创新结果。由于所采用的分析方法具有普遍的意义，从而为解决板壳结构的屈曲问题提供了新的途径。这对实际结构的稳定性计算是一种极大的推动。

目前，稳定理论在实际工程中得到了广泛应用，其中德国、日本等国家在稳定理论的研究和工程应用等领域处于领先地位，我国在这方面的研究虽然也取得了丰硕的成果，但与上述国家差距仍然很大，因此这就要依靠我国的学者和工程技术人员共同努力，达到或超过世界先进水平。

3.2.3　压力钢管稳定性问题

水电站压力钢管是一种壳体结构，其稳定性问题非常突出。当压力钢管在机组负荷变化过程中产生负水锤使管道内产生负压，或者在钢管放空时由于通气孔失灵而产生真空，或者在施工过程中混凝土与钢衬之间产生接触灌浆压力等情况时，压力钢管就容易发生受压屈曲破坏，从而产生外压失稳问题。

在工程实际中，国内外水电站压力钢管发生破坏事故，多为外压作用下的失稳屈曲问题。如我国湖南镇水电站压力钢管发生的灌浆失稳、黄龙滩水电站引水钢管发生的局部失稳。云南绿水河水电站，在 1970 年 10 月灌浆时 1 号斜井钢管发生屈曲，波及范围达 181 m；1971 年 8 月在第二次充水试验后 3 号平洞发生钢衬失稳，破坏长度达 101 m。1974 年 3 月，广东省泉水水电站钢管发生大面积破坏，破坏长度达 204 m，最大鼓包高达 45 cm，在整个破坏段中有 3 个断口。还有我国的云南响水电站、以礼河三级电站等都发生过压力钢管失稳破坏（见表 3-1）。在国外，世界上最大的抽水蓄能电站——美国的 Bath County 水电站于 1985 年投入运行，该电站三个压力隧洞分岔为 6 条钢管，水头 395 m，其中一条隧洞第一次充水就出现渗漏，渗透水压压曲折裂了相邻的一条钢管。加拿大的 Kemamo、巴西的 Nilo – Pecanha 等水电站的压力钢管也发生过外压失稳屈曲破坏事故（见表 3-2）。钢管一旦发生失稳破坏，不仅额外增加了修复所需的费用，而且使水电站停止运行，在经济上造成严重损失。因此，压力钢管的外压稳定性问题应该引起我们的高度重视，开展压力钢管的抗外压失稳屈曲破坏机理分析，为压力钢管的稳定计算及设计提供一套行之有效的方法，有着重要的理论价值和工程实际意义。

表 3-1　国内部分水电站压力钢管外压失稳破坏事例

工程名称	钢管半径 r(mm)	钢管壁厚 t(mm)	钢材	失稳情况
绿水河 3 号平洞	1 200	18	Q345	外水压屈曲，底部有缺陷，砂浆未满
以礼河三级 1 号斜井	1 150	12	Q235	灌浆（钢板有空响）时屈曲，压力曾达 1.2 MPa
泉水下平洞	1 200	6	Q235	外水压力屈曲，顶上有小河高出 70 m
泉水下弯头	1 200	8	Q245	灌浆时测外水压力，堵塞灌浆孔，致使屈曲

续表 3-1

工程名称	钢管半径 r(mm)	钢管壁厚 t(mm)	钢材	失稳情况
下苇甸	2 600	16	Q235	岔管前连接段,近腰梁,固结灌浆,邻孔串浆,操作人员将邻孔堵塞,致使屈曲
云南响水电站	2 150	16 ~ 26	Q235、Q345	运行一年后,进入钢管检查,发现钢管大范围破坏,钢管从底部向上突起,从下半圈脱离外包混凝土后向上凸起,严重变形,横断面变形呈凸状、双峰状、半台阶状多种形态

表 3-2　国外部分水电站压力钢管外压失稳破坏事例

工程名称	国家	失稳情况	发生年份
芬查	埃塞俄比亚	150 m 外水头造成钢管屈曲	1971
格舍拉	苏格兰	直径 1.8 ~ 2.4 m 钢衬斜井接触灌浆时钢衬屈曲	1954
斯特拉其可拉	加拿大	回填混凝土的钢管在压力波动下屈曲	1958
泰乌姆	美国	5.6 m 直径的钢衬,水头 200 m,运行 4 年后放水检查时,发现钢衬屈曲	
泥罗	巴西	斜井钢衬直径 6 m,水头 340 m,接触灌浆时钢衬发生屈曲	1956

3.2.4　半解析有限元法的提出

在工程技术领域中,对于许多力学问题,人们已得到了它们的基本方程(一般为偏微分方程)和相应的边界条件。除少数方程性质比较简单,几何边界相当规则的问题能运用解析方法求出精确的解析解外,对于大多数的工程问题,由于物体的几何形状较复杂或问题的某些特征是非线性的,很少有解析解。通常解决这类问题的办法有两种:一是简化问题的条件,将方程和边界条件简化为能够处理的问题,得到它在简化状态下的解。不过这种方法应用的范围有限。因为从具体工程背景抽象出的模型已做过许多简化,进一步的简化很可能导致不正确的结果。

另一种解决问题的途径是数值解法。数值解法是将体现原问题的一类带有初、边值或初边值混合条件的数理方程,由于较难获得闭合的解析解形式,通过一定的形式转换,使之在时域或空间上进行一定方式的离散,进而再按一定的条件综合起来形成联立的代数方程组形式的求解方法。在已发展了的几种近似数值分析方法中,常用的是有限差分法,它首先对求解域作网格剖分,然后在网格的结点上用差分方程近似微分方程。从而把微分方程的定解问题化为线性代数方程组的求解问题,一个问题的有限差分模型可以给出它的基本方程的逐点近似,当采用较多的结点时,模型的精度便可得到改善。借助于有限差分技术，能够处理某些相当困难的问题。但当遇到几何形状复杂的边界条件时，应用有限差分法，解的精度受到限制，甚至发生困难。

50 多年来，随着电子计算机日新月异的发展和大规模的应用，出现了另一种新的数值方法——有限单元法（也称有限元法）。有限元法的基本前提是：一方面，将连续的求解域离散为一组有限个单元的组合体，这样的组合体能解析地模拟或逼近求解区域，由于单元本身可以有不同的几何形状，且能按各种不同的连接方式组合，故可以模拟几何形状非常复杂的求解域。另一方面，在每个单元内假设多项式函数来表示整个求解域上的待求的未知场函数。单元内的近似场函数通常由未知场函数在各单元结点上的数值及插值函数表达。这样一来，在一个问题的有限元分析中，未知场函数的结点值就成为新的未知量，从而使一个连续的无限自由度问题变成离散的有限自由度问题。一经求出这些未知量，就可以利用插值函数确定单元组合体上的场函数。有限元法与有限差分法的主要区别是：有限差分法是将微分算子离散化建立方程；有限元法是利用对能量泛函变分的方法建立方程。在有限元法发展初期，其灵活性和通用性的优点及解题能力广受欢迎，取得了巨大进展，可以说这一方法在力学及其他学科中都得到了一定应用与发展。但随着对有限元法的研究，特别是工程上实际应用的深入，一些问题也随之出现。最突出的是存在所解问题的复杂性和经费、时间以及计算机能力有限之间的矛盾。由于有限元法的特点是不论什么对象和什么问题，均在各方向离散，并一律采用分片低价多项式插值来逼近各类问题的解函数，当然这有通用性强的一面，但又不可避免地带来自由度多、工作量大的不足。随着有限元深入到诸如三维、组合、复合、瞬态、耦合、多相、波动、无限域、非线性等领域，深感其所需单元数、内存与计算工作量十分浩大惊人，造成原则上有限元法都能解决，而实际上由于经费、计算机条件所限，在工程应用上又难以实现的状态。

由于解析法和数值法存在上述缺点，半解析数值方法（简称半解析法，又称解析与数值结合法）就应运而生了，这是一种理论分析与数值计算相结合的分析研究方法。半解析数值方法是指分析过程中采用部分解析解或解析函数的数值方法，它是相对目前广泛采用的各种纯数值方法（有限差分法、有限元法等）而言的，是具有广泛含义的一类数理方程的数值解法。这类方法的提出有其一定的历史背景与工程意义。

发展半解析数值方法还有其重要的工程应用意义。目前电子计算机的应用普及已为新技术的发展创造了条件。但结合我国国情和计算机发展的实际情况，国内大部分工程与设计单位只能普及微型机。要使计算技术真正指导生产实践（包括计算机辅助设计、专家系统等），发展以微型机为对象的数值分析方法势在必行。而半解析数值方法就是以在微机上实现复杂问题分析为其目的的。因此，发展半解析数值方法符合我国的实际，并将取得直接的经济效益。

近百年来已经打下良好基础的应用数学分析方法，由于数值计算技术的蓬勃发展，近年来有所偏废，其应有作用没有得以充分发挥。当然纯解析法的解题范围有限已是明显的事实，但能否充分利用这些已有解析研究成果，来弥补用纯数值方法解决复杂问题的不足呢？实际上，两者的结合正是解决问题的关键所在。如上所述，采用有限元法分析问题并不十分经济的根本原因在于有限元法采用统一的离散及插值模式，而没有针对问题的性质予以区别对待（这正是解析方法的特点），造成数值计算过程中不必要的浪费。因此,利用已有解析研究成果,有针对性地部分替代离散与插值,必将会明显改善纯数值方法的上述不足,并带来显著的经济效益;从另一角度来讲,以前用纯解析方法不能解决的问题,也由于采用部分离散、插值和数值求解而能得到实用的结果。如何实现这一目的,正是半解析数值方法所需研究的基本内容。

就此而言,半解析数值方法包含的方法种类是相当广泛的。凡是数值分析中采用部分解析解或解析函数而最终得到的是一系列离散化数值结果的分析方法均属于这一范畴。半解析法将主要研究如何选取所应用的解析解或解析函数,如何与离散化过程相结合,如何建立适合计算机计算的运算格式,并实现将复杂工程与科学问题的分析计算达到简捷、准确、节省费用的目的。

半解析数值方法的实质,是充分发挥已有解析方法研究成果以减少纯数值方法的计算工作量。半解析法研究将重点处理好解析与数值方法两者的作用,互相取长补短,发挥各自的特长。一般来说,在半解析法中将通过解析手段来帮助减少数值计算的维数,而同时又通过数值离散手段来弥补人为所取解析函数的不足,以逼近真实解。半解析法的研究还要注意处理好人与计算机两者的关系,以各尽所能,相互补充。在纯解析方法中只有人在起作用,在纯数值方法中主要靠计算机来完成分析计算。而半解析数值方法将由人来完成诸如一维解函数、基本解、通解等较为规则、简单情况下的理论分析工作,而由计算机来进行降维后的低维离散化方程的求解工作。这种人与计算机间恰当分工将取得以前用纯解析方法或纯数值方法所不能达到的预期效果。

3.2.5 半解析法在压力钢管稳定性分析中的应用

应用半解析有限元法求解压力钢管稳定性问题,是 20 世纪 80 年代末期提出的一种方法。水工结构中的压力钢管,在外压作用下失稳屈曲破坏,用一般有限元进行分析,存在着许多难以克服的困难。若用半解析有限元法,则能较好地解决这些难题。半解析数值方法是指分析过程中采用部分解析解或解析函数的数值方法。由于在数学理论和方法上进展缓慢,采用纯理论分析方法很难解决现代大量复杂的工程问题,而采用了有限元法。由于有限元法采用了统一的离散及插值模式,没有针对问题的性质区别对待(这正是解析法的特点),造成数值计算中不必要的浪费。一方面,如果利用已有的解析研究成果,有针对性地部分代替离散与插值,必将会改善纯数值方法的不足;另一方面,以前用纯解析方法不能解决的问题,也由于采用了部分离散、插值和数值求解而能得到适用的结果。半解析有限元法与一般的有限元法比较,具有以下优点:

(1)在离散化方面,沿轴线方向采用圆柱壳元(或沿周向采用柱壳条元),克服了一般有限元在离散壳体的几何形状表示上的困难。

(2)在分析中,沿周向采用解析函数,从而避免了一般有限元用单元结点位移插值描述壳体失稳形态变化的困难。

(3)在计算中,结构自由度大大减少,避免了一般电子计算机难以胜任大型方程组求解的困难。

由此可见,半解析有限元法简化了计算、提高了精度,为植筋钢管稳定性分析的电子计算机化开拓出一条广阔的途径。

3.3 埋藏式压力钢管局部稳定性分析的有限柱壳元法

3.3.1 有限柱壳元法离散模型及位移模式的建立

用半解析有限柱壳元法解决埋藏式植筋钢管的稳定问题，把植筋间的管壁结构离散为圆柱壳元。在问题的分析过程中，圆柱壳元的位移模式取为半解析型函数，沿轴向采用离散型的 Hermite 插值多项式，周向采用 Amstutz 公式推导[4]过程中钢衬管壁失稳屈曲的位移公式，即 $\eta(\varphi)=a\cos(\varepsilon\varphi)+b\cos\varphi+c$，可以看出这是一个解析表达式。这样选择是因为钢管并不是理想的圆柱壳，在某个或某些部位会存在初始缺陷。因此，在钢管屈曲时，有缺陷的部位可能先向内凹。这与 Amstutz 假定的管壁失稳状态比较符合，即均布的外压力超过了钢衬与混凝土间的初始预应力时，管壁产生压缩，管壁与混凝土形成间隙。这时钢衬就有可能在某些薄弱部位与混凝土脱离，并且继续扩大，产生较大的径向变位 $\eta(\varphi)$（见图 3-1），而其余部分尚与外壁贴合。随着压力的增大，在脱离处形成压曲波，直到最后钢衬屈曲最大处的纤维应力达到屈服，钢衬被压瘪失去稳定。但 Amstutz 公式本身就是建立在圆拱理论基础之上的，圆拱理论解决压力钢管外压稳定性问题存在的缺陷与不足，即把压力钢管结构看成平面问题来处理，无法充分考虑加劲环对环间管壳稳定性的影响。而本书将利用已有的经典位移表达式来描述圆柱壳元沿圆周方向的径向位移，而沿轴向的径向位移采用离散型的 Hermite 插值多项式。把压力钢管结构当成空间问题来计算，并考虑加劲环和初始缝隙的影响，更加接近于工程实际，从而克服上述方法的不足。

3.3.1.1 柱壳结构的离散模型

采用半解析有限柱壳元法分析柱壳结构的稳定性问题，首先要划分单元，用一系列垂直于圆柱壳轴线的平面 1,2,3,…,i,j,…，把结构切成有限个短圆柱壳元。把其中任意一个短圆柱壳体 e 称为结构的"圆柱壳元"，它与相邻的单元是靠位于 i、j 平面上的"结圆"相连。至此，就完成了结构的离散化，从这里可以看出，用半解析有限柱壳元法分析结构的稳定性问题，就是把结构看成由有限个圆柱壳元通过结圆连接在一起的一个组合体。

3.3.1.2 圆柱壳元的位移模式

建立典型单元 e 的力学模型，首先确定单元的位移模式，即用单元的结点位移表示单元内任意点的位移。对于圆柱壳元 e（见图 3-1），其壳体的厚度为 t，单元轴向长度为 B，结圆半径为 R，其中虚线表示屈曲后的钢管管壁。为了计算方便，建立如下坐标系，选壳体中曲面的轴向为 x 坐标（或取无因次坐标 ξ），周向为 y 坐标（或 φ 坐标），法向为 z 坐标，其中 z 以指向曲率中心为正。当圆柱壳结构发生失稳屈曲时，单元中曲面上任意一点沿 z 方向的位移为 W。

现在设单元 e 的结圆与 xz 平面的交点 i、j 为单元的结点。其结点位移用 W_i、α_i、W_j 和 α_j 来表示（见图 3-2），写成向量形式为

$$\{\delta\}=[W_i \quad \alpha_i \quad W_j \quad \alpha_j]^{\mathrm{T}} \tag{3-1}$$

此处，W_i、W_j 表示 i、j 结点的径向位移，α_i、α_j 表示 i、j 结点绕 y 轴的转角，它们之间有如

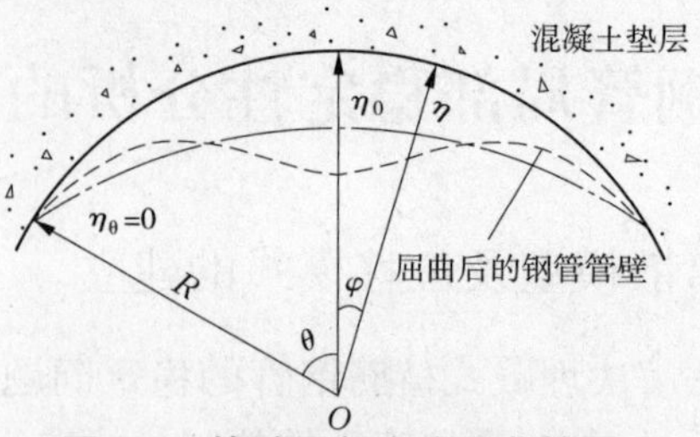

图 3-1　管壁局部失稳屈曲简图

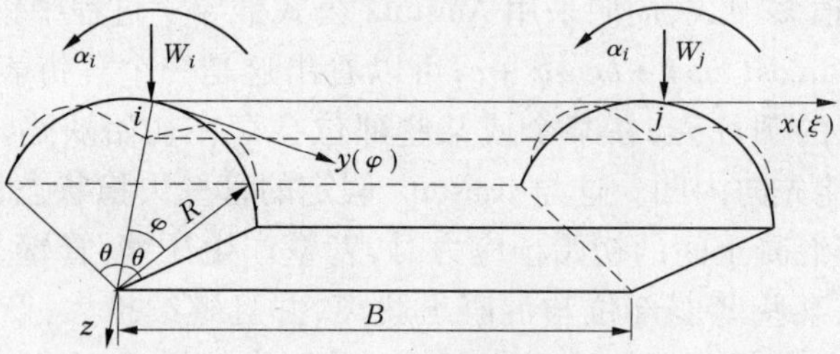

图 3-2　圆柱壳元

下关系

$$\alpha_i = -\left(\frac{\partial W}{\partial x}\right)_i \tag{3-2}$$

位移函数选择半解析型，沿 x 轴方向的径向位移选用 $X(\xi)$ 函数，不仅要求径向位移连续，而且要求 x 方向的一阶导数连续，这样才能保证失稳屈曲后的管壳与 xz 平面的交线为光滑曲线，也就是转角位移连续。因此，$X(\xi)$ 可以用三阶的 Hermite 插值多项式函数向量 $[H(\xi)]$ 与结点位移向量 $\{\delta\}$ 的乘积来表示，其具体表达式如下

$$X(\xi) = [H(\xi)]\{\delta\} \tag{3-3}$$

其中

$$[H(\xi)] = [h_1(\xi)\quad h_2(\xi)\quad h_3(\xi)\quad h_4(\xi)] \tag{3-4}$$

式中

$$\begin{cases} h_1(\xi) = 1 - 3\xi^2 + 2\xi^3 \\ h_2(\xi) = B(-\xi + 2\xi^2 - \xi^3) \\ h_3(\xi) = 3\xi^2 - 2\xi^3 \\ h_4(\xi) = B(\xi^2 - \xi^3) \end{cases} \tag{3-5}$$

沿圆柱壳周向选取 Amstutz 公式推导过程中钢衬管壁失稳屈曲的位移函数 $\eta(\varphi)$，此解析表达式为

$$\eta(\varphi) = a\cos(\varepsilon\varphi) + b\cos\varphi + c \tag{3-6}$$

则圆柱壳元任意一点的径向位移可用如下的位移函数来描述

$$W(\xi,\varphi) = X(\xi)\eta(\varphi) \tag{3-7}$$

式中　ξ——无因次坐标，即 $\xi = \dfrac{x}{B}$，$\xi \in [0,1]$；

φ——管壁失稳波形上任意一点所对应的圆心角，rad。

周向解析函数 $\eta(\varphi) = a\cos(\varepsilon\varphi) + b\cos\varphi + c$ 中的积分常数 a、b、c 可由图 3-1 所示的

边界条件决定。此处以管壁屈曲中心垂线为 φ 角的起点，当 $\varphi = \theta$ 时，管壁与混凝土吻合，则有 $\eta_{\varphi=\theta} = 0$、$\left(\frac{d\eta}{d\varphi}\right)_{\varphi=\theta} = 0$ 和 $M_{\varphi=\theta} = 0$，由此可得

$$\left.\begin{aligned} &a\cos(\varepsilon\theta) + b\cos\theta + c = 0 \\ &-a\varepsilon\sin(\varepsilon\theta) - b\sin\theta = 0 \\ &a(1-\varepsilon^2)\cos(\varepsilon\theta) + c = 0 \end{aligned}\right\} \tag{3-8}$$

从后两个方程可解得如下两式

$$\left.\begin{aligned} &b = -a\frac{\varepsilon\sin(\varepsilon\theta)}{\sin\theta} \\ &c = a(\varepsilon^2-1)\cos(\varepsilon\theta) \end{aligned}\right\} \tag{3-9}$$

要使 a、b、c 有非零解，式(3-8)的系数行列式必须为零，即

$$\begin{vmatrix} \cos(\varepsilon\theta) & \cos\theta & 1 \\ -\varepsilon\sin(\varepsilon\theta) & -\sin\theta & 0 \\ (1-\varepsilon^2)\cos(\varepsilon\theta) & 0 & 1 \end{vmatrix} = 0 \tag{3-10}$$

这样可以得到

$$\varepsilon\tan\theta = \tan(\varepsilon\theta) \tag{3-11}$$

式中　$\varepsilon = \sqrt{1+\frac{qR^3}{EI}}$；$\theta$ 为失稳波形对于圆柱壳体中心所对应的半角，rad。

再由 Amstutz 公式的推导过程[4]可以得出

$$\frac{\gamma}{4R}a^2 - \left(\beta + \pi e\frac{\lambda}{R}\right)a + \pi R\frac{\sigma_s - \sigma_V}{E} = 0 \tag{3-12}$$

式中　e——钢管纵剖面管壁中曲面到最外缘的距离，$e = \frac{t}{2}$；

σ_V——灌浆对管壁产生的环向预压应力，$\sigma_V = -\frac{\Delta}{R}E$，$\Delta$ 为钢衬与混凝土之间的初始缝隙；

$\lambda = (\varepsilon^2 - 1)[1 - \cos(\varepsilon\theta)]$；

$\beta = \left(\varepsilon - \frac{1}{\varepsilon}\right)[\varepsilon\theta\cos(\varepsilon\theta) - \sin(\varepsilon\theta)]$；

$\gamma = \varepsilon\left[\varepsilon\theta - \sin(\varepsilon\theta)\cos(\varepsilon\theta) + \varepsilon\theta\frac{\sin^2(\varepsilon\theta)}{\sin^2\theta} - \varepsilon\sin^2(\varepsilon\theta)\cot\theta\right]$。

从式(3-11)可以看出，ε 和 θ 不是互相独立的，即每给定一个 θ 值就会有相应的 ε 值与之对应。如果 ε 和 θ 值确定了，就可以通过方程(3-12)解出 a 值，再代入式(3-9)求得 b、c 的值，至此，积分常数 a、b、c 的值就确定了。

3.3.2　圆柱壳元的刚度矩阵

3.3.2.1　几何方程

由圆柱壳的大挠度应变—位移关系，可写出如下圆柱壳元的几何方程

$$\{\varepsilon\} = \begin{Bmatrix} \varepsilon_\xi \\ \varepsilon_\varphi \\ \gamma_{\xi\varphi} \end{Bmatrix} = \begin{Bmatrix} -\frac{z}{B^2}\frac{\partial^2 W}{\partial \xi^2} \\ -\frac{z}{R^2}\frac{\partial^2 W}{\partial \varphi^2} - z\frac{W}{R^2} \\ -\frac{2z}{BR}\frac{\partial^2 W}{\partial \xi \partial \varphi} \end{Bmatrix} + \begin{Bmatrix} \frac{1}{2B^2}\left(\frac{\partial W}{\partial \xi}\right)^2 \\ \frac{1}{2R^2}\left(\frac{\partial W}{\partial \varphi}\right)^2 \\ \frac{1}{BR}\left(\frac{\partial W}{\partial \xi}\right)\cdot\left(\frac{\partial W}{\partial \varphi}\right) \end{Bmatrix} \tag{3-13}$$

把式(3-13)中的第一项用$\{\varepsilon^l\}$表示,即

$$\{\varepsilon^l\} = -z\begin{Bmatrix} \frac{1}{B^2}\frac{\partial^2 W}{\partial \xi^2} \\ \frac{1}{R^2}\left(\frac{\partial^2 W}{\partial \varphi^2} + W\right) \\ \frac{2}{BR}\frac{\partial^2 W}{\partial \xi \partial \varphi} \end{Bmatrix} \tag{3-13a}$$

$\{\varepsilon^l\}$表示圆柱壳弯曲的变形分量矩阵,它与 z 坐标有关,中曲面上其值为零,在壳体的上下表面其值最大。把式(3-13)中的第二项用$\{\varepsilon^N\}$表示,即

$$\{\varepsilon^N\} = \begin{Bmatrix} \frac{1}{2B^2}\left(\frac{\partial W}{\partial \xi}\right)^2 \\ \frac{1}{2R^2}\left(\frac{\partial W}{\partial \varphi}\right)^2 \\ \frac{1}{BR}\left(\frac{\partial W}{\partial \xi}\right)\cdot\left(\frac{\partial W}{\partial \varphi}\right) \end{Bmatrix} \tag{3-13b}$$

$\{\varepsilon^N\}$是由大挠度所引起的非线性应变,它沿壳体厚度方向是均匀分布的。

对于大挠度问题,单元内任意一点的应变应当包括这两部分的叠加,因此式(3-13)可简写为

$$\{\varepsilon\} = \{\varepsilon^l\} + \{\varepsilon^N\} \tag{3-14}$$

在后面的公式推导中,为了使运算清晰简洁,在此约定了下面一些符号

$$[H'] = [h_1' \quad h_2' \quad h_3' \quad h_4'] \tag{3-15a}$$

$$[H''] = [h_1'' \quad h_2'' \quad h_3'' \quad h_4''] \tag{3-15b}$$

式中

$$\begin{cases} h_1' = -6\xi + 6\xi^2 \\ h_2' = B(-1 + 4\xi - 3\xi^2) \end{cases} \qquad \begin{matrix} h_3' = 6\xi - 6\xi^2 \\ h_4' = B(2\xi - 3\xi^2) \end{matrix}$$

$$\begin{cases} h_1'' = -6 + 12\xi \\ h_2'' = B(4 - 6\xi) \end{cases} \qquad \begin{matrix} h_3'' = 6 - 12\xi \\ h_4'' = B(2 - 6\xi) \end{matrix}$$

再令

$$[\alpha_{\xi\xi}] = -\frac{z}{B^2}\eta(\varphi)[H''] \tag{3-16a}$$

$$[\alpha_{\varphi\varphi}] = -\frac{z}{R^2}[\eta(\varphi) + \eta''(\varphi)][H] \tag{3-16b}$$

$$[\alpha_{\xi\varphi}] = -\frac{2z}{BR}\eta'(\varphi)[H'] \tag{3-16c}$$

$$[\alpha_\xi] = \frac{1}{B}\eta(\varphi)[H'] \tag{3-16d}$$

$$[\alpha_\varphi] = \frac{1}{R}\eta'(\varphi)[H] \tag{3-16e}$$

式中　$\eta'(\varphi) = -a\varepsilon\sin(\varepsilon\varphi) - b\sin\varphi$；

$\eta''(\varphi) = -a\varepsilon^2\cos(\varepsilon\varphi) - b\cos\varphi$。

因此，式(3-13a)与式(3-13b)就可以表示成

$$\{\varepsilon^l\} = \begin{bmatrix} [\alpha_{\xi\xi}] \\ [\alpha_{\varphi\varphi}] \\ [\alpha_{\xi\varphi}] \end{bmatrix}\{\delta\} \tag{3-17a}$$

$$\{\varepsilon^N\} = \left(\begin{bmatrix} \frac{1}{2}[\alpha_\xi] \\ \frac{1}{2}[\alpha_\varphi] \\ [\alpha_\xi] \end{bmatrix}\{\delta\}\right) * \left(\begin{bmatrix} [\varepsilon_\xi] \\ [\alpha_\varphi] \\ [\alpha_\varphi] \end{bmatrix}\{\delta\}\right) \tag{3-17b}$$

式中　“ * ”号表示两矩阵对应元素相乘形成一个同阶矩阵的运算。

3.3.2.2　物理方程

在壳体的稳定性分析中，认为材料是线弹性的，并考虑壳体在横向荷载作用下所引起的正应力 σ_z 与平行于中曲面上的正应力相比是可以忽略的。因此，它具有和平面应力问题一样的应力—应变关系，可写成下面的矩阵形式

$$\begin{Bmatrix} \sigma_\xi \\ \sigma_\varphi \\ \tau_{\xi\varphi} \end{Bmatrix} = \frac{E}{1-\mu^2}\begin{bmatrix} 1 & \mu & 0 \\ \mu & 1 & 0 \\ 0 & 0 & \frac{1-\mu}{2} \end{bmatrix}\begin{Bmatrix} \varepsilon_\xi \\ \varepsilon_\varphi \\ \gamma_{\xi\varphi} \end{Bmatrix} \tag{3-18}$$

也可简写成

$$\{\sigma\} = [D]\{\varepsilon\} \tag{3-18a}$$

其中

$$[D] = \frac{E}{1-\mu^2}\begin{bmatrix} 1 & \mu & 0 \\ \mu & 1 & 0 \\ 0 & 0 & \frac{1-\mu}{2} \end{bmatrix} \tag{3-18b}$$

式中　$[D]$——弹性矩阵；

E——弹性模量；

μ——泊松比。

3.3.2.3　圆柱壳元弹性变形能公式

根据能量原理，可知单元的应变能公式为

$$U = \frac{1}{2}\int_V \{\varepsilon\}^{\mathrm{T}}\{\sigma\}\,\mathrm{d}V \tag{3-19}$$

式中　U——单元体的应变能；

V——单元体的体积。

现在把式(3-14)、式(3-18a)代入式(3-19),可得

$$U=\frac{1}{2}\int_V(\{\varepsilon^l\}^{\mathrm{T}}+\{\varepsilon^N\}^{\mathrm{T}})[D](\{\varepsilon^l\}+\{\varepsilon^N\})\mathrm{d}V$$

$$=\frac{1}{2}\int_V\{\varepsilon^l\}^{\mathrm{T}}[D]\{\varepsilon^l\}\mathrm{d}V+\int_V\{\varepsilon^l\}^{\mathrm{T}}[D]\{\varepsilon^N\}\mathrm{d}V+\frac{1}{2}\int_V\{\varepsilon^N\}^{\mathrm{T}}[D]\{\varepsilon^N\}\mathrm{d}V \tag{3-20}$$

上式等号右侧的第三项积分是非线性应变的二次项,它是高阶微量,可以忽略,则应变能公式主要由两部分组成,即

$$U=U^l+U^N \tag{3-21}$$

式中

$$U^l=\frac{1}{2}\int_V\{\varepsilon^l\}^{\mathrm{T}}[D]\{\varepsilon^l\}\mathrm{d}V \tag{3-21a}$$

$$U^N=\int_V\{\varepsilon^l\}^{\mathrm{T}}[D]\{\varepsilon^N\}\mathrm{d}V \tag{3-21b}$$

U^l 是单元的线应变能,U^N 是非线性应变引起的应变能。下面分别对两个积分进行计算。

3.3.2.4 圆柱壳元弹性刚度矩阵的推导

在式(3-21)中,首先考虑第一个积分 U^l,把式(3-17a)代入式(3-21a),并整理得

$$U^l=\frac{1}{2}\{\delta\}^{\mathrm{T}}\int_V[[\alpha_{\xi\xi}]^{\mathrm{T}}[\alpha_{\varphi\varphi}]^{\mathrm{T}}[\alpha_{\xi\varphi}]^{\mathrm{T}}][D]\begin{bmatrix}[\alpha_{\xi\xi}]\\ [\alpha_{\varphi\varphi}]\\ [\alpha_{\xi\varphi}]\end{bmatrix}\mathrm{d}V\{\delta\} \tag{3-22}$$

$$=\frac{1}{2}\{\delta\}^{\mathrm{T}}[k_E]\{\delta\}$$

则圆柱壳元的弹性刚度矩阵$[k_E]$为

$$[k_E]=\int_V[[\alpha_{\xi\xi}]^{\mathrm{T}}[\alpha_{\varphi\varphi}]^{\mathrm{T}}[\alpha_{\xi\varphi}]^{\mathrm{T}}][D]\begin{bmatrix}[\alpha_{\xi\xi}]\\ [\alpha_{\varphi\varphi}]\\ [\alpha_{\xi\varphi}]\end{bmatrix}\mathrm{d}V \tag{3-23}$$

把式(3-18b)代入式(3-23)中,可得

$$[k_E]=\frac{E}{1-\mu^2}\int_V[\alpha_{\xi\xi}]^{\mathrm{T}}[\alpha_{\xi\xi}]\mathrm{d}V+\frac{\mu E}{1-\mu^2}\int_V[[\alpha_{\xi\xi}]^{\mathrm{T}}[\alpha_{\varphi\varphi}]+[\alpha_{\varphi\varphi}]^{\mathrm{T}}[\alpha_{\xi\xi}]]\mathrm{d}V+$$

$$\frac{E}{1-\mu^2}\int_V[\alpha_{\varphi\varphi}]^{\mathrm{T}}[\alpha_{\varphi\varphi}]\mathrm{d}V+\frac{E}{2(1+\mu)}\int_V[\alpha_{\xi\varphi}]^{\mathrm{T}}[\alpha_{\xi\varphi}]\mathrm{d}V \tag{3-24}$$

然后把式(3-16a)、式(3-16b)和式(3-16c)代入式(3-24),并沿周向、法向积分,可得

$$[k_E]=\frac{E}{1-\mu^2}\int_0^1\int_{-\theta}^{\theta}\int_{-\frac{t}{2}}^{\frac{t}{2}}(\frac{z^2}{B^4}\eta^2(\varphi)[H'']^{\mathrm{T}}[H''])BR\mathrm{d}z\mathrm{d}\varphi\mathrm{d}\xi+$$

$$\frac{E}{1-\mu^2}\int_0^1\int_{-\theta}^{\theta}\int_{-\frac{t}{2}}^{\frac{t}{2}}\{\frac{\mu z^2}{B^2R^2}\eta(\varphi)[\eta(\varphi)+\eta''(\varphi)][[H'']^{\mathrm{T}}[H]+[H]^{\mathrm{T}}[H'']]\}BR\mathrm{d}z\mathrm{d}\varphi\mathrm{d}\xi+$$

$$\frac{E}{1-\mu^2}\int_0^1\int_{-\theta}^{\theta}\int_{-\frac{t}{2}}^{\frac{t}{2}}\left\{\frac{z^2}{R^4}[\eta(\varphi)+\eta''(\varphi)]^2[H]^{\mathrm{T}}[H]\right\}BR\mathrm{d}z\mathrm{d}\varphi\mathrm{d}\xi+$$

$$\frac{E}{2(1+\mu)}\int_0^1\int_{-\theta}^{\theta}\int_{-\frac{t}{2}}^{\frac{t}{2}}\left\{\frac{4z^2}{B^2R^2}[\eta'(\varphi)]^2[H']^{\mathrm{T}}[H']\right\}BR\mathrm{d}z\mathrm{d}\varphi\mathrm{d}\xi \tag{3-25}$$

式(3-25)经整理可得

$$\begin{aligned}[k_E]=&\frac{ERt^3A_1}{12(1-\mu^2)B^3}\int_0^1[H'']^{\mathrm{T}}[H'']\mathrm{d}\xi+\\&\frac{\mu Et^3A_2}{12(1-\mu^2)BR}\int_0^1[[H'']^{\mathrm{T}}[H]+[H]^{\mathrm{T}}[H'']]\mathrm{d}\xi+\\&\frac{EBt^3A_3}{12(1-\mu^2)R^3}\int_0^1[H]^{\mathrm{T}}[H]\mathrm{d}\xi+\\&\frac{Et^3A_4}{6(1+\mu)BR}\int_0^1[H']^{\mathrm{T}}[H']\mathrm{d}\xi\end{aligned} \tag{3-26}$$

式中

$$\begin{aligned}A_1&=\int_{-\theta}^{\theta}\eta^2(\varphi)\mathrm{d}\varphi\\&=\int_{-\theta}^{\theta}[a\cos(\varepsilon\varphi)+b\cos\varphi+c]^2\mathrm{d}\varphi\\&=-\frac{4ab\cos(\varepsilon\theta)\sin\theta}{(\varepsilon-1)(\varepsilon+1)}+\frac{4a(b\varepsilon^2\sin(\varepsilon\theta)\cos\theta+c\varepsilon^2-c)}{\varepsilon(\varepsilon+1)(\varepsilon-1)}+\frac{a^2\sin(2\varepsilon\theta)}{2\varepsilon}+\\&\quad\frac{1}{2}[2a^2\theta+2b^2\theta+4c^2\theta+b^2\sin(2\theta)+8bc\sin\theta]\end{aligned} \tag{3-26a}$$

$$\begin{aligned}A_2&=\int_{-\theta}^{\theta}\eta(\varphi)[\eta(\varphi)+\eta''(\varphi)]\mathrm{d}\varphi\\&=\int_{-\theta}^{\theta}[a\cos(\varepsilon\varphi)+b\cos\varphi+c][a(1-\varepsilon^2)\cos(\varepsilon\varphi)+c]\mathrm{d}\varphi\\&=-\frac{2a(b\varepsilon^2\sin(\varepsilon\theta)\cos\theta+c\varepsilon^2-2c)}{\varepsilon}-\frac{a^2(\varepsilon^2-1)\sin(2\varepsilon\theta)}{2\varepsilon}+\\&\quad2ab\cos(\varepsilon\theta)\sin\theta+2bc\sin\theta-a^2\varepsilon^2\theta+2c^2\theta+a^2\theta\end{aligned} \tag{3-26b}$$

$$\begin{aligned}A_3&=\int_{-\theta}^{\theta}[\eta(\varphi)+\eta''(\varphi)]^2\mathrm{d}\varphi\\&=\int_{-\theta}^{\theta}[a(1-\varepsilon^2)\cos(\varepsilon\varphi)+c]^2\mathrm{d}\varphi\\&=\frac{a^2(\varepsilon^2-1)^2\sin(2\varepsilon\theta)}{2\varepsilon}-\frac{4ac(\varepsilon^2-1)\sin(\varepsilon\theta)}{\varepsilon}+\\&\quad(a^2+2c^2-2a^2\varepsilon^2+a^2\varepsilon^4)\theta\end{aligned} \tag{3-26c}$$

$$A_4=\int_{-\theta}^{\theta}[\eta'(\varphi)]^2\mathrm{d}\varphi$$

$$= \int_{-\theta}^{\theta} [a\varepsilon \sin(\varepsilon\varphi) + b\sin\varphi]^2 \mathrm{d}\varphi$$

$$= \frac{4ab\varepsilon\sin(\varepsilon\theta)\cos\theta}{(\varepsilon+1)(\varepsilon-1)} - \frac{4ab\varepsilon^2\cos(\varepsilon\theta)\sin\theta}{(\varepsilon+1)(\varepsilon-1)} + \frac{1}{2}b^2\sin(2\theta) - \frac{1}{2}a^2\varepsilon\sin(2\varepsilon\theta) + b^2\theta + a^2\varepsilon^2\theta \tag{3-26d}$$

在式(3-26)中右端的四项分别记为$[k_{E1}]$、$[k_{E2}]$、$[k_{E3}]$和$[k_{E4}]$，则此式可简写为

$$[k_E] = [k_{E1}] + [k_{E2}] + [k_{E3}] + [k_{E4}] \tag{3-27}$$

要计算$[k_{E1}]$、$[k_{E2}]$、$[k_{E3}]$和$[k_{E4}]$，分别把多项式向量$[H]$、$[H']$和$[H'']$的表达式(3-4)、(3-15a)和(3-15b)代入式(3-26)，并进行矩阵乘法计算，然后对每个元素积分，其计算过程如下

$$\int_0^1 [H'']^{\mathrm{T}}[H''] \mathrm{d}\xi = \int_0^1 \begin{Bmatrix} h''_1 \\ h''_2 \\ h''_3 \\ h''_4 \end{Bmatrix} \{h''_1 \quad h''_2 \quad h''_3 \quad h''_4\} \mathrm{d}\xi$$

$$= \int_0^1 \begin{bmatrix} h''_1h''_1 & h''_1h''_2 & h''_1h''_3 & h''_1h''_4 \\ h''_2h''_1 & h''_2h''_2 & h''_2h''_3 & h''_2h''_4 \\ h''_3h''_1 & h''_3h''_2 & h''_3h''_3 & h''_3h''_4 \\ h''_4h''_1 & h''_4h''_2 & h''_4h''_3 & h''_4h''_4 \end{bmatrix} \mathrm{d}\xi$$

$$= \begin{bmatrix} 12 & -6B & -12 & -6B \\ -6B & 4B^2 & 6B & 2B^2 \\ -12 & 6B & 12 & 6B \\ -6B & 2B^2 & 6B & 4B^2 \end{bmatrix} \tag{3-28a}$$

$$\int_0^1 [[H'']^{\mathrm{T}}[H] + [H]^{\mathrm{T}}[H'']] \mathrm{d}\xi = \int_0^1 \begin{bmatrix} 2h''_1h_1 & h''_1h_2 + h_1h''_2 & h''_1h_3 + h_1h''_3 & h''_1h_4 + h_1h''_4 \\ h''_2h_1 + h_2h''_1 & 2h''_2h_2 & h''_2h_3 + h_2h''_3 & h''_2h_4 + h_2h''_4 \\ h''_3h_1 + h_3h''_1 & h''_3h_2 + h_3h''_2 & 2h''_3h_3 & h''_3h_4 + h_3h''_4 \\ h''_4h_1 + h_4h''_1 & h''_4h_2 + h_4h''_2 & h''_4h_3 + h_4h''_3 & 2h''_4h_4 \end{bmatrix} \mathrm{d}\xi$$

$$= \frac{1}{15} \begin{bmatrix} 36 & -18B & -36 & -3B \\ -18B & 4B^2 & 3B & -B^2 \\ -36 & 3B & 36 & 18B \\ -3B & -B^2 & 18B & 4B^2 \end{bmatrix} \tag{3-28b}$$

$$\int_0^1 [H]^{\mathrm{T}}[H] \mathrm{d}\xi = \int_0^1 \begin{bmatrix} h_1h_1 & h_1h_2 & h_1h_3 & h_1h_4 \\ h_2h_1 & h_2h_2 & h_2h_3 & h_2h_4 \\ h_3h_1 & h_3h_2 & h_3h_3 & h_3h_4 \\ h_4h_1 & h_4h_2 & h_4h_3 & h_4h_4 \end{bmatrix} \mathrm{d}\xi$$

$$
= \frac{1}{420}\begin{bmatrix} 156 & -22B & 54 & 13B \\ -22B & 4B^2 & -13B & -3B^2 \\ 54 & -13B & 156 & 22B \\ 13B & -3B^2 & 22B & 4B^2 \end{bmatrix} \tag{3-28c}
$$

$$
\int_0^1 [H']^{\mathrm{T}}[H'] \mathrm{d}\xi = \int_0^1 \begin{bmatrix} h'_1h'_1 & h'_1h'_2 & h'_1h'_3 & h'_1h'_4 \\ h'_2h'_1 & h'_2h'_2 & h'_2h'_3 & h'_2h'_4 \\ h'_3h'_1 & h'_3h'_2 & h'_3h'_3 & h'_3h'_4 \\ h'_4h'_1 & h'_4h'_2 & h'_4h'_3 & h'_4h'_4 \end{bmatrix} \mathrm{d}\xi
$$

$$
= \frac{1}{30}\begin{bmatrix} 36 & -3B & -36 & -3B \\ -3B & 4B^2 & 3B & -B^2 \\ -36 & 3B & 36 & 3B \\ -3B & -B^2 & 3B & 4B^2 \end{bmatrix} \tag{3-28d}
$$

把式(3-28a、b、c、d)四式代入式(3-26),可得到 $[k_{E1}]$、$[k_{E2}]$、$[k_{E3}]$ 和 $[k_{E4}]$ 如下式所示

$$
[k_{E1}] = \frac{ERt^3A_1}{6(1-\mu^2)B^3}\begin{bmatrix} 6 & -3B & -6 & -3B \\ -3B & 2B^2 & 3B & B^2 \\ -6 & 3B & 6 & 3B \\ -3B & B^2 & 3B & 2B^2 \end{bmatrix} \tag{3-29a}
$$

$$
[k_{E2}] = \frac{\mu Et^3A_2}{180(1-\mu^2)BR}\begin{bmatrix} 36 & -18B & -36 & -3B \\ -18B & 4B^2 & 3B & -B^2 \\ -36 & 3B & 36 & 18B \\ -3B & -B^2 & 18B & 4B^2 \end{bmatrix} \tag{3-29b}
$$

$$
[k_{E3}] = \frac{EBt^3A_3}{5\,040(1-\mu^2)R^3}\begin{bmatrix} 156 & -22B & 54 & 13B \\ -22B & 4B^2 & -13B & -3B^2 \\ 54 & -13B & 156 & 22B \\ 13B & -3B^2 & 22B & 4B^2 \end{bmatrix} \tag{3-29c}
$$

$$
[k_{E4}] = \frac{Et^3A_4}{180(1+\mu)BR}\begin{bmatrix} 36 & -3B & -36 & -3B \\ -3B & 4B^2 & 3B & -B^2 \\ -36 & 3B & 36 & 3B \\ -3B & -B^2 & 3B & 4B^2 \end{bmatrix} \tag{3-29d}
$$

式中　A_1、A_2、A_3、A_4 如式(3-26a、b、c、d)四式所示,把式(3-29a、b、c、d)四式代入式(3-27),就得到了圆柱壳元的弹性刚度矩阵 $[k_E]$。

3.3.2.5　圆柱壳元几何刚度矩阵的推导

再考虑单元应变能表达式中的第二项,即式(3-21b),并作如下变换

$$
U^N = \int_V \{\varepsilon^l\}^{\mathrm{T}}[D]\{\varepsilon^N\}\mathrm{d}V = \int_V \{\sigma\}^{\mathrm{T}}\{\varepsilon^N\}\mathrm{d}V \tag{3-30}
$$

将式(3-17b)代入上式,可得

$$U^N = \int_V \{\sigma\}^{\mathrm{T}} \left(\left(\begin{bmatrix} \frac{1}{2}[\alpha_\xi] \\ \frac{1}{2}[\alpha_\varphi] \\ [\alpha_\xi] \end{bmatrix} \{\delta\} \right) * \left(\begin{bmatrix} [\alpha_\xi] \\ [\alpha_\varphi] \\ [\alpha_\varphi] \end{bmatrix} \{\delta\} \right) \right) \mathrm{d}V$$

$$= \int_V \left(\left(\begin{bmatrix} \frac{1}{2}[\alpha_\xi] \\ \frac{1}{2}[\alpha_\varphi] \\ [\alpha_\xi] \end{bmatrix} \{\delta\} \right)^{\mathrm{T}} \{\sigma\} \right)^{\mathrm{T}} * \left(\begin{bmatrix} [\alpha_\xi] \\ [\alpha_\varphi] \\ [\alpha_\varphi] \end{bmatrix} \{\delta\} \right) \mathrm{d}V$$

$$= \int_V \left(\begin{bmatrix} \frac{1}{2}[\alpha_\xi] \\ \frac{1}{2}[\alpha_\varphi] \\ [\alpha_\xi] \end{bmatrix} \{\delta\} \right)^{\mathrm{T}} \{\sigma\} \left(\begin{bmatrix} [\alpha_\xi] \\ [\alpha_\varphi] \\ [\alpha_\varphi] \end{bmatrix} \{\delta\} \right) \mathrm{d}V \tag{3-31}$$

如果把列阵$\{\sigma\}$改写成对角阵，如

$$[\sigma] = \begin{bmatrix} \sigma_\xi & 0 & 0 \\ 0 & \sigma_\varphi & 0 \\ 0 & 0 & \tau_{\xi\varphi} \end{bmatrix} \tag{3-32}$$

因此，式(3-31)就可以写成如下形式

$$U^N = \{\delta\}^{\mathrm{T}} \int_V \begin{bmatrix} \frac{1}{2}[\alpha_\xi] \\ \frac{1}{2}[\alpha_\varphi] \\ [\alpha_\xi] \end{bmatrix}^{\mathrm{T}} \begin{bmatrix} \sigma_\xi & 0 & 0 \\ 0 & \sigma_\varphi & 0 \\ 0 & 0 & \tau_{\xi\varphi} \end{bmatrix} \begin{bmatrix} [\alpha_\xi] \\ [\alpha_\varphi] \\ [\alpha_\varphi] \end{bmatrix} \mathrm{d}V \{\delta\} \tag{3-33}$$

将式(3-33)展开，可得

$$\begin{aligned} U^N &= \frac{1}{2}\{\delta\}^{\mathrm{T}} \int_V ([\alpha_\xi]^{\mathrm{T}} \sigma_\xi [\alpha_\xi] + [\alpha_\varphi]^{\mathrm{T}} \sigma_\varphi [\alpha_\varphi] + 2[\alpha_\xi]^{\mathrm{T}} \tau_{\xi\varphi} [\alpha_\varphi]) \mathrm{d}V \{\delta\} \\ &= \frac{1}{2}\{\delta\}^{\mathrm{T}} [k_G] \{\delta\} \end{aligned} \tag{3-34}$$

令

$$[k_G] = [k_{Gx}] + [k_{Gy}] + [k_{Gxy}] \tag{3-35}$$

由此可知，圆柱壳元的几何刚度矩阵$[k_G]$可分为$[k_{Gx}]$、$[k_{Gy}]$和$[k_{Gxy}]$三部分，下面将分别进行计算。

将式(3-16d)和式(3-16e)代入式(3-34)，并沿圆柱壳轴向、径向和周向积分可得

$$\begin{aligned} [k_{Gx}] &= \int_V [\alpha_\xi]^{\mathrm{T}} \sigma_\xi [\alpha_\xi] \mathrm{d}V \\ &= \int_0^1 \int_{-\theta}^{\theta} \int_{-\frac{t}{2}}^{\frac{t}{2}} \frac{\sigma_\xi}{B^2} \eta^2(\varphi) [H']^{\mathrm{T}} [H'] BR \mathrm{d}z \mathrm{d}\varphi \mathrm{d}\xi \end{aligned}$$

$$= \frac{\sigma_\xi R t A_1}{B}\int_0^1 [H']^{\mathrm{T}}[H']\mathrm{d}\xi \tag{3-36a}$$

$$[k_{Gy}] = \int_V [\alpha_\varphi]^T \sigma_\varphi [\alpha_\varphi]\mathrm{d}V$$

$$= \int_0^1\int_{-\theta}^{\theta}\int_{-\frac{t}{2}}^{\frac{t}{2}} \frac{\sigma_\varphi}{R^2}[\eta'(\varphi)]^2 [H]^{\mathrm{T}}[H] BR\mathrm{d}z\mathrm{d}\varphi\mathrm{d}\xi$$

$$= \frac{\sigma_\varphi B t A_4}{R}\int_0^1 [H]^{\mathrm{T}}[H]\mathrm{d}\xi \tag{3-36b}$$

$$[k_{Gxy}] = 2\int_V [\alpha_\xi]^{\mathrm{T}} \tau_{\xi\varphi} [\alpha_\varphi]$$

$$= 2\int_0^1\int_{-\theta}^{\theta}\int_{-\frac{t}{2}}^{\frac{t}{2}} \frac{\tau_{\xi\varphi}}{BR}\eta(\varphi)\eta'(\varphi)[H']^{\mathrm{T}}[H] BR\mathrm{d}z\mathrm{d}\varphi\mathrm{d}\xi$$

$$= 2\tau_{\xi\varphi} t A_5 \int_0^1 [H']^{\mathrm{T}}[H]\mathrm{d}\xi \tag{3-36c}$$

式中　A_1、A_4 如式(3-26a)、式(3-26d)所示，A_5 由下式求得

$$A_5 = \int_{-\theta}^{\theta}\eta(\varphi)\eta'(\varphi)\mathrm{d}\varphi = \int_{-\theta}^{\theta}[a\cos(\varepsilon\varphi) + b\cos\varphi + c][-a\varepsilon\sin(\varepsilon\varphi) - b\sin\varphi]\mathrm{d}\varphi = 0$$

由此可以看出，$[k_{Gxy}]$ 为一个零矩阵。$[k_G]$ 称为单元的几何刚度矩阵，其中 $[k_{Gx}]$ 是与轴向压力有关的几何刚度矩阵。对于压力钢管来说，轴向压力 $\sigma_\xi = 0$，因此 $[k_{Gx}]$ 也是一个零矩阵。而 $[k_{Gy}]$ 是与周向压力有关的几何刚度矩阵，把式(3-4)代入式(3-36b)，并对 ξ 积分可得

$$[k_{Gy}] = \frac{\sigma_\varphi B t A_4}{420R}\begin{bmatrix} 156 & -22B & 54 & 13B \\ -22B & 4B^2 & -13B & -3B^2 \\ 54 & -13B & 156 & 22B \\ 13B & -3B^2 & 22B & 4B^2 \end{bmatrix} \tag{3-37}$$

由锅炉公式可知，圆柱壳元的应力 σ_φ 与单元径向压力 q^e 有如下关系

$$\sigma_\varphi = -\frac{q^e R}{t} \tag{3-38}$$

把式(3-38)代入式(3-37)，可得

$$[k_{Gy}] = -\frac{q^e B A_4}{420}\begin{bmatrix} 156 & -22B & 54 & 13B \\ -22B & 4B^2 & -13B & -3B^2 \\ 54 & -13B & 156 & 22B \\ 13B & -3B^2 & 22B & 4B^2 \end{bmatrix} \tag{3-39}$$

因此，圆柱壳元的几何刚度矩阵 $[k_G] = [k_{Gy}]$。

至此，就推导出了埋藏式植筋钢管局部稳定性分析的圆柱壳元的弹性刚度矩阵和几何刚度矩阵。

3.3.2.6　单元刚度方程

设单元的等效结点荷载向量为 $\{P\}$，由卡氏第一定理可得

$$\{P\} = \frac{\partial U}{\partial\{\delta\}} = \frac{\partial U^l}{\partial\{\delta\}} + \frac{\partial U^N}{\partial\{\delta\}}$$

把式(3-22)、式(3-34)代入上式,并考虑矩阵$[k_E]$、$[k_G]$的对称性,可得

$$\{P\} = ([k_E] + [k_G])\{\delta\} \tag{3-40}$$

这就是圆柱壳元刚度方程,由于单元几何刚度矩阵$[k_G]$中含有荷载向q^e,可知圆柱壳元刚度方程是一个非线性方程。

3.3.3 稳定性问题的计算

3.3.3.1 圆柱壳结构的总体刚度矩阵

利用刚度集成法形成结构的总体弹性刚度矩阵$[K_E]$和总体几何刚度矩阵$[K_G]$,其叠加公式分别为

$$[K_E] = \sum_e [K_E]^e \tag{3-41a}$$

$$[K_G] = \sum_e [K_G]^e \tag{3-41b}$$

其中,$[K_E]^e$、$[K_G]^e$分别为与结构总体刚度矩阵同阶扩大的单元弹性刚度矩阵和单元几何刚度矩阵。e表示单元编号,结构刚度矩阵中的任意一个元素为

$$K_{Er,s} = \sum_e K_{Er,s}^e$$

及

$$K_{Gr,s} = \sum_e K_{Gr,s}^e$$

脚标r、s分别表示刚度矩阵的第r行和第s列。

3.3.3.2 圆柱壳结构局部稳定性问题的特征方程

形成结构的总体刚度矩阵以后,就可以写出结构的刚度方程

$$([K_E] + [K_G])\{\delta\} = \{P\} \tag{3-42}$$

式中 $\{\delta\}$——结构的结点位移向量;

$\{P\}$——结构的结点荷载向量。

在结构刚度方程中引入约束条件,在结构刚度矩阵中划掉与约束位移相关的行和列,就得到一个新的方程。为简单记,此处仍然用式(3-42)表示修改后的刚度方程。

由于式(3-42)中的几何刚度矩阵中含有荷载项,因此刚度方程是一个非线性方程。如果把荷载项从几何刚度矩阵中提出,写成荷载项的显式,则式(3-42)就可改写成

$$([K_E] + q[K_G]^*)\{\delta\} = \{P\} \tag{3-43}$$

这样矩阵$[K_G]^*$就不再具有“刚度”的量纲,在此称它为当量刚度矩阵,荷载q就是这个当量刚度矩阵的比例因子。

圆柱壳结构在外压作用下,在初始的平衡位置壳体处于无矩状态。但是柱壳结构一旦丧失稳定性就会突然发生巨大的弯曲变形。此时,描述圆柱壳结构平衡的方程式(3-43)是不稳定的,即矩阵$([K_E] + q[K_G]^*)$奇异,也就是说

$$|[K_E] + q[K_G]^*| = 0 \tag{3-44}$$

这就是描述圆柱壳结构局部稳定性问题的特征方程,式(3-44)可改写成

$$\left| -[K_E]^{-1}[K_G]^* + \frac{1}{q}[I] \right| = 0 \tag{3-45}$$

其中$[I]$为单位矩阵。这样就可以把求解圆柱壳结构局部稳定性问题转化为求实矩阵$(-[K_E]^{-1}[K_G]^*)$的最大特征根$(\frac{1}{q})_{\max}$问题。

在此,设$[A] = -[K_E]^{-1}[K_G]^*$,$\lambda = \frac{1}{q}$,则式(3-45)化成了标准的特征值问题

$$|[A] - \lambda[I]| = 0 \tag{3-46}$$

然后,就可以利用幂法求解特征方程的最大特征根$\lambda_{\max}$。其倒数$(1/\lambda_{\max}) = q_{\min}$,就是所求的圆柱壳结构最小临界失稳荷载。

第 4 章　结构胶的力学性能及本构关系

4.1　结构胶的种类

结构胶是粘结结构的主要材料，结构胶的粘结强度和稳定性是决定粘结加固成败的关键因素。

结构胶按使用环境区分有常温胶、高温胶、低温胶、干燥环境用胶、水下或潮湿环境用胶等。

结构胶按使用内容区分有粘钢胶、粘纤维复合材料(FRP)胶、植筋胶、包钢灌注胶、裂缝灌注胶、界面胶、快速粘结胶等。

结构胶按化学成分区分有有机胶、无机胶等。

归纳起来，结构胶也可以说只有有机胶和无机胶两大类。

4.1.1　有机类结构胶

有机类结构胶有环氧树脂类及改性环氧树脂类、聚氨基甲酸酯类、不饱和聚酯树脂类等。当前在粘结加固中大量使用的是有机类结构胶，而且这些胶大部分是以环氧树脂类或改性环氧树脂为主剂配置而成的。其主要成分有环氧树脂、固化剂、塑化剂、稀释剂、耦联剂、抗老化剂等。以环氧树脂为主剂的结构胶粘结力强，机械性能稳定，是一种比较理想的粘结加固用结构胶，目前市场上大量供应的基本上都是这类胶。为了确保加固工程的安全，全国建筑物鉴定与加固标准技术委员会对国内几十种胶进行了严格的检验，选定了一批各方面性能都比较可靠的结构胶，推荐在承重结构加固工程中使用，并且在规范中规定：承重结构用的胶粘剂，宜按其基本性能分为 A 级胶和 B 级胶；对重要结构、悬挑构件、承受动力作用的结构及构件，应采用 A 级胶；对一般结构可采用 A 级胶和 B 级胶。承重结构用的胶粘剂，必须进行安全性能检验，检验时，其粘结抗剪强度标准值应根据置信水平 $c=0.90$、保证率为 95% 的要求。

4.1.2　无机类结构胶

无机类结构胶有硅酸盐类、磷酸盐类和陶瓷类等，用于粘结加固的无机胶不太多，尤其是在常温下固化的高强度无机胶更少。用于粘钢和粘纤维布的无机胶，市场上尚未见到。

4.2　国内外研究结构胶的情况

4.2.1　国外研究结构胶的情况

国外利用粘结技术加固修复病害工程已有成功的经验，仅粘钢和修补金属的胶就有很多种。他们研究的结构胶,可以粘钢、修补金属构件和粘结金属设备等,修补后可以进行机械加工。修补金属管道可以承受30～50 MPa以上的压力,应用领域广阔,发展迅速。世界上最早研制成功结构胶的国家有美国、瑞士、日本和法国等。

4.2.1.1 美国

美国贝尔佐纳公司1952年在英国成立,该公司生产的高分子修补材料被广泛应用于化工、石油和建筑等行业,该公司于1973年在美国迈阿密成立了国际营销中心,开展跨国业务。目前,分支机构已遍及50余个国家和地区。这种高分子修补材料适用于修补金属、混凝土、钢材、橡胶和陶瓷等物质。他们的高分子材料有9个系列,40多种产品,被称为“工业上的医生”。

美国得复康(Devcon)公司生产的管体及设备系列修补材料,也得到广泛的应用,它们的产品如下。

1. 金属修补胶

这种胶是由不同填充物与环氧树脂及固化剂,在常温下固化而成的,具有良好的粘结力和物理机械性能,可进行车、钳、铣、刨、打磨、钻孔和攻丝等机械加工,能适应金属的热胀冷缩。

2. 紧急修补胶

这种胶适用于应急的现场抢修。

(1)可缩钢快干修补胶:这种胶是一种双组分环氧修补胶,其技术特点是固化快,混合后5 min内固化,1 h内可使修补的设备重新使用,可用于修补钢、铁、铝、铜和水泥等制品。可在 -4 ℃的温度下施工,其物理机械性能为:抗压强度73.1 MPa,抗弯强度54.0 MPa,抗剪强度14.2 MPa,固化收缩率0.009 cm/cm,固化后肖氏硬度Shore 66 D,最高使用温度93 ℃。

(2)紧急修补包。这是一种新型的、高技术的带有浸渍粘合剂的玻璃纤维修补包片,在室温下5 min内即可固化成型,最适宜于各种管道的损伤修补。

(3)湿面修补胶。这是一种特殊配方的双组分环氧修补剂,可在 -4 ℃的低温下,在潮湿的环境下,甚至在水中进行修补施工,能透过潮湿面牢固地与钢铁、水泥、木材和塑料等物质粘结,主要用于水下的管道、阀门等设备的紧急修补,施工简便,只需除去浮锈及污垢,即可修补。其物理机械性能为:抗压强度39.5 MPa,抗弯强度35.0 MPa,抗剪强度18.8 MPa,固化收缩率0.002 cm/cm,固化后肖氏硬度Shore 82 D。

美国PSI是一家生产聚合物系列产品的公司,生产的“快补钢”(FASTSTEEL)和“水下补”(AQUAMEND)等产品,已被广泛应用,其主要成分为含有金属的树脂和固化剂等材料。

快补钢(FASTSTEEL):是一种用手揉捏后固化的不锈钢芯加强树脂胶泥,可快速修补钢质管道、储罐、工具及设备等,固化时间为5～10 min。

水下补(AQUAMEND):是一种用手揉捏后固化的专用树脂胶泥,1 min即可在潮湿表面和水下进行修补,无论在淡水或海水中都能与玻璃纤维和金属等牢固地粘结,可在水下无法施焊的部位上进行修补,固化时间为20～30 min。

4.2.1.2 瑞士

瑞士汽车(Ciba)精化公司是精细化工领域的一家大型跨国公司,生产爱劳达(Araldite)品牌的环氧结构胶。他们作为环氧结构胶的世界倡导者,已有50多年的生产和使用实践,更有着30多年应用于重大工程的实践,该胶广泛地被运用于航空、航天、建筑和船舶等行业。爱劳达建筑结构胶品种齐全,有粘钢、植筋、湿式外包钢及灌注裂缝等类型结构胶。

4.2.1.3 日本

日本对于金属修补胶的开发及修补工艺也进行了大量的研究和广泛的应用,其产品种类和规格很多,已完全商品化,应用的领域也十分宽广,已成功地用于对传动轴和泵叶轮、船用螺旋桨等的修理,施工工艺及配套卡具、机具等应用齐全,初步形成一种行业。

近期由于碳纤维加固技术的发展,生产出了多种粘贴碳纤维(CFRP)的专用胶。

4.2.1.4 韩国

韩国京兴产业公司生产的"超陶共聚分子合金系列修补材料",是采用科学方法把陶瓷与钨、钼等金属原料进行合成反应后生产出来的无机性高技术产品,该修补材料获得韩国船级社及英国Lioyd's船级社颁发的新产品认定书,获中国船舶工业总公司材料技术检测中心和中国石油天燃气管道研究所鉴定认可,被应用于石油、化工、管道、设备、储罐及海军舰艇等受损部位的修补和防腐等,取得了明显的效果。

4.2.1.5 法国

法国和瑞士于20世纪60年代生产了粘结钢板加固用的Sika-Dur31型结构胶。20世纪70、80年代最早在我国应用,我国第一个粘钢加固工程用的结构胶就是他们生产的Sika-Dur31型胶。

4.2.2 国内研究结构胶的情况

我国从20世纪70年代开始研制粘钢用结构胶,取得了可喜的进展。最早开始研制粘钢用结构胶的单位是中国科学院大连物化所与辽宁省建筑科学研究所,他们于1983年成功地研制出了JGN型结构胶。他们的成功促使了粘钢加固技术在我国的迅速发展,随后他们又研制出了JGN-Ⅱ型动力结构胶及JGN-C型碳纤维专用结构胶等。随后又有一些单位研制出了粘钢和粘碳纤维用结构胶。

原武汉水利电力大学(现武汉大学)20世纪80年代开始研究结构胶,1991年研究成功的长江牌YZJ-1型粘钢结构胶,是国内较早研制成功的结构胶之一。虽然他们开始研究不算最早,但是后来发展迅速,开发出了YZJ系列结构胶产品,有粘钢胶、植筋胶、湿包钢灌注胶、界面胶、裂缝灌注胶和碳纤维专用胶等。其对结构胶的力学性能进行了比较深入的研究,如结构胶的老化、流变、本构关系,胶的强度与温度关系等。

兰州化学工业公司化工研究院于1986年开始研究用于粘结金属管道的材料,1994年用于工程实践。装甲兵工程学院表面技术研究所与台北天箭贸易股份有限公司合资兴办的北京天山新材料科技公司,于1994年研制成功了系列"超金属"修补胶,其中TG103、TG518、TG528等系列产品已被使用于钢质工程粘结。

近期国内又有一些研究单位和大专院校生产出了粘钢用和粘碳纤维用结构胶。由于品种太多,不再赘述。

4.3 国内外代表性结构胶的力学性能

结构胶的力学性能,应根据粘结工程需要而定,还应建立标准的检测方法,我国制定了一般胶的检测方法。但还没有制定出专门用于工程结构粘钢、碳纤维加固胶的检测规范,目前有的套用老规范,有的正在制定中。作为工程结构粘结加固用的结构胶的力学性能应该有:抗压、抗拉、抗折强度,粘结正拉强度,粘结拉剪强度,韧度、硬度、弹性模量、泊松比、疲劳及抗老化性能等。当然最能反映力学性能的是它们的本构关系。

国内外生产结构胶的厂家很多,品种也很多,这里很难一一披露出来,仅择其有代表性的、经常使用的、用于粘结金属和碳纤维的结构胶介绍如下。

4.3.1 国外结构胶的力学性能

4.3.1.1 美国快补钢

美国快补钢(FASTSTEEL)性能见表4-1。

表4-1 快补钢(FASTSTEEL)性能参数

使用性能	指标	测试标准
比重	2.2	
不挥发物含量	100%	
操作时间	3~5 min	
固化收缩率	小于1%	
硬度(肖氏D)	24 h完全固化后75~85	ASTM D2240
抗压强度	70.4~98.5 MPa	ASTM D695
搭接拉剪强度(25.4 mm×25.4 mm×1.6 mm于钢板上)	5.6~7.0 MPa	ASTM D1002
高温	121 ℃连续,149 ℃间歇	
耐化学性	耐烃、酮、醇、脂、卤代烃盐溶液、稀酸、稀碱	
电阻	3 000 MΩ	ASTM D257
绝缘强度	11 800 V/mm	ASTM D149
储存期限	24 ℃下至少12个月	

4.3.1.2 美国水下补

美国水下补(AQUAMEND)性能见表4-2。

表4-2 水下补(AQUAMEND)性能参数

使用性能	指标	测试标准
比重	1.9	
不挥发物含量	100%	
操作时间	20 ~ 30 min	
固化收缩率	小于1%	
硬度(肖氏D)	24 h完全固化后65 ~ 75	ASTM D2240
抗压强度	70.44 ~ 98.5 MPa	ASTM D695
搭接拉剪强度(25.4 mm × 25.4 mm × 1.6 mm于钢板上)	5.6 ~ 7.0 MPa	ASTM D1002
高温	121 ℃连续,149 ℃间歇	
耐化学性	耐烃、酮、醇、脂、卤代烃盐溶液、稀酸、稀碱	
电阻	3 000 MΩ	ASTM D257
绝缘强度	11 800 V/mm	ASTM D149
储存期限	24 ℃下至少12个月	

4.3.1.3 瑞士爱劳达XH系列

瑞士爱劳达XH系列结构胶有很多种,XHlllA/B为室温固化双组分环氧树脂胶,其力学性能见表4-3。

表4-3 XHlllA/B环氧树脂胶的力学性能

项目	快固型	常温型	说明
抗压强度(MPa)	86	80	混合后7 d(25 ℃)强度,ASTM D695试验方法
抗拉强度(MPa)	10.8	9.5	
抗弯强度(MPa)	27	22	
与混凝土结合力(MPa)	24	21	BS6319:斜剪法
与喷沙处理钢片的抗拉剪结合力(MPa)	12	11	ASTM D1002:金属和金属
抗压弹性模量(MPa)	24 000	19 700	ASTM D165
无约束线性收缩(%)	0.012	0.022	BS6319
线性热膨胀系数	20×10^{-6} m/mk	17×10^{-6} m/mk	ASTM D696
凝胶时间(40 ℃)	40 ~ 65 min	40 ~ 70 min	ITM003
适用期(25 ℃)	5 min	250 min	ITM002
最短固化时间	25 ℃ 60 min	25 ℃ 200 min	
	5 ℃ 8 h	5 ℃ 16 h	
比重	1.5 ~ 1.7	1.5 ~ 1.7	ITM026

4.3.1.4 日本以铁粉为填料的结构胶

日本以铁粉为填料的结构胶的力学性能见表4-4。

表4-4 以铁粉为填料的结构胶的力学性能

产品名称	A	B	SF	F	F－2	WR	WR－2	BR	ST	UW	L	HR－300	YT－W301
配合比（主剂:固化剂）	9:1	9:1	4:1	9:1	9:1	9:1	9:1	9:1	9:1	1:1	26:1	10:1	9:1
固化前状态	糊状	糊状	糊状	糊状	糊状	糊状	糊状	糊状	糊状	糊状	糊状	糊状	糊状
可使用时间（min）	45	45	45	45	45	45	45	45	45	45	60	30	15
固化时间	1.5～2.0 h	1.5～2.0 h	3～5 min	1.5～2.0 h	1.5～2.0 h	1.5～2.0 h	1.5～2.0 h	1.5～2.0 h	1.5～2.0 h	1.0 h	2.0～4.0 h	1.5～2.0 h	1.0 h
特点	铁粉	铁粉	铁粉快速固化	铝粉	铝粉	铝粉自润滑和耐磨性好	铝粉自润滑和耐磨性好	铜粉	不锈钢粉	无机物充填剂在水中可固化	铝粉在水中可固化	铁粉耐热性高	铁粉超高耐热性
固化后比重	2.5	2.5	2.1	1.8	1.8	1.8	1.8	2.5	2.5	1.4	4.6	2.5	2.5
拉伸强度（MPa）	70.3	70.3	49.2	59.8	42.2	56.2	56.2	59.8	70.3	23.9	75.0	30.0	
压缩强度（MPa）	98.4	98.4	84.4	112.5	10.55	112.5	112.5	98.4	91.4	84.4	70.3	105.0	
弯曲强度（MPa）	91.4	91.4	70.3	77.3	63.3	77.3	77.3	77.3	91.4	49.2	44.2	95.0	45.0
拉伸粘结强度（MPa）	16.9	17.6	21.1	17.3	17.3	17.4	17.3	17.2	17.2	16.9	18.9	25.6	13.0
耐热温度（℃）	121	121	93	121	121	121	121	121	121	121	121	>150，最高300	>250，最高300

4.3.1.5 韩国无机结构胶

韩国生产的超陶共分子合金系列修补材料物理性能见表4-5。

表4-5 超陶共分子合金系列修补材料物理性能

项目	单位	产品		说明
		超涂料金属	超陶瓷金属	
压强	MPa	185.0	198.0	KHIS N0400－1986
挠曲强度	MPa	81.0	84.0	KHIS N0400－1986
拉伸强度	MPa	91.0	95.0	KHIS N0400－1986
硬度（HRB）	SCALE（刻度）	130	130	KHIS N0400－1986

续表 4-5

项目	单位	产品		说明
		超涂料金属	超陶瓷金属	
冲击值	1″、500 g、50 cm	无裂开，无剥离现象	无裂开，无剥离现象	KMS6518—86
耐冲击试验	MPa	16.32	16.32	
高低温试验	-20 ℃ 1 h 80 ℃ 1 h 反复三次	涂层完好，无裂缝，无裂开现象	涂层完好，无裂缝，无裂开现象	NA（N0874 号）
耐碱性	5% NaOH 6 个月	涂层完好，无裂缝	涂层完好，无裂缝	GB 1763—79(88)
耐油性	60 ℃原油 6 个月	涂层完好，无裂缝	涂层完好，无裂缝	GB/T 1734—93
耐盐雾性	15% NaCl 120 h	1 级	1 级	GB/T 1771—91
加速试验	3.5% NaCl 4 000 h	涂膜完好，无气泡，无锈	涂膜完好，无气泡，无锈	NAME TM - 01—84
耐热温度	℃	480	480	
耐药品性		对酸、碱、油类、溶剂、煤气等的抵抗力强	对酸、碱、油类、溶剂、煤气等的抵抗力强	
无毒无害性		硬化之后无毒无害	硬化之后无毒无害	
粘合力	MPa	28.3	28.3	KMS6518—86
比重		1.8	2.6	
针眼试验	12 000 V	无异常	无异常	KSD 3608—90
耐压试验	200 MPa	无异常	无异常	

4.3.2 国内结构胶的力学性能

4.3.2.1 JGN 型结构胶

JGN 型结构胶力学性能见表 4-6。

表 4-6 JGN 型结构胶力学性能

性能		比重	施工温度（℃）	使用时间（min）	粘结强度（MPa）		压缩强度（MPa）	加速老化时间/剪切强度（h/MPa）	弹性模量（MPa）	冻融次数 20 次剪切强度（MPa）	配合比（甲:乙）
					拉伸	剪切					
品名	AC	1.6	5 ~ 30	30 ~ 70	30	20	70	2 000/19.8	7.0×10^3	20	4:1
	JGN	1.6	10 ~ 30	30 ~ 60	30	18	50	1 600/18.7	4.5×10^3	20	4:1

4.3.2.2 长江牌 YZJ 系列结构胶

1. YZJ 系列结构胶的种类及型号

YZJ 系列结构胶是由武汉大学土木建筑学院(原武汉水利电力大学)于 1991 年开始研制的,当年研制成功的是 YZJ－1 粘钢型结构胶,现在已开发成系列产品,其型号有

YZJ 系列胶
- YZJ－1 粘钢型(分低温、高温和潮湿用)
- YZJ－2 植筋型(分夏用、冬用和春秋用)
- YZJ－3 包钢灌注型
- YZJ－4 混凝土界面型(无机)
- YZJ－5 裂缝灌注型
- YZJ－C 纤维专用型
  - YZJ－CD 底胶
  - YZJ－CZ 修补胶
  - YZJ－CQ 浸渍胶
- YZJ－T 浸入型混凝土防护涂料

这里仅将常用的粘钢和粘纤维专用胶作些介绍。

2. YZJ－1、YZJ－C 结构胶的性能

1) YZJ－1 粘钢结构胶

YZJ－1 粘钢结构胶是以环氧树脂为主剂,以改性胺为固化剂,由双组分组成的高分子聚合物,可在常温下固化的高强结构胶。这种胶适用于各种类型金属材料、混凝土、岩石、玻璃、陶瓷、硬质塑料、木材等基本结构的粘结加固,被广泛应用于建筑物结构改造、修复、补强加固工程。YZJ－1 结构胶的物理力学性能如表 4-7 所示。

表 4-7 YZJ－1 结构胶的物理力学性能

项目	单位	指标(平均值)	测试标准
抗压强度	MPa	72.48	GB/T 2569—1995
抗拉强度	MPa	33.51	GB/T 2568—1995
抗折强度	MPa	45.64	GB/T 2570—1995
粘结拉剪强度(钢－钢)	MPa	18.10	GB/T 7124—2008
粘结正拉强度(钢－混凝土)	MPa	3.42	GB/T 12954
韧度	$N \cdot cm/cm^2$	850	GB/T 4159—84
硬度	布氏	12	GB/T 4346—84
弹性模量	GPa	5.10	GB/T 2568—1995
泊松比		0.35	GB/T 2568—1995
耐久性能	h	2 000 h 强度不降低	GB/T 14522—93
疲劳(碳纤维板粘不锈钢板)	万次	200(不破坏)	GB 3075—82
工作环境温度	℃	－40～60	
配合比(重量)	A 组分: B 组分＝4: 1		

注:A 组分为白色膏状,B 组分为黑色膏状。

2）YZJ－C 粘纤维专用胶

YZJ－C 是由三种胶组成的配套胶：其中 YZJ－CQ 为粘结纤维用的主要胶，称为浸渍胶，其作用是粘结固化纤维。与其配套的有底胶 YZJ－CD，它的作用是浸入被粘基面，形成一个具有一定强度的可粘结基面。另一种配套的修补胶 YZJ－CZ，也称找平胶，是用来填补、修整被粘构件基面的，给纤维一个坚固平整的粘结基面。三种胶的物理力学性能如表 4-8 ~ 表 4-10 所示。

表 4-8　浸渍胶 YZJ－CQ 的物理力学性能

项目	单位	指标（平均值）	测试标准
拉伸剪切强度	MPa	15.0	GB 7124—2008
拉伸强度	MPa	32.40	GB/T 2568—1995
抗折强度	MPa	48.10	GB/T 2570—1995
粘结正拉强度（钢－混凝土）	MPa	2.97	GB/T 1 2954
耐久性能	h	2 000 h（强度不降低）	GB/T 14522—93
疲劳（CFRP 板粘不锈钢）	万次	200（不破坏）	GB/T 3075—82
涂布用量	kg/m^2	0.8 ~ 1.0	
可使用时间	min	50 ~ 60	20 ℃
指干时间	h	4 ~ 6	20 ℃
配合比（重量）		A∶B＝4∶1	

注：A 组分为棕红色液体，B 组分为乳白色液体。

表 4-9　底胶 YZJ－CD 的物理力学性能

项目	单位	指标（平均值）	测试标准
粘结正拉强度（钢－混凝土）	MPa	2.75	GB/T 12954
涂布用量	kg/m^2	0.3 ~ 0.4	
可使用时间	min	60 ~ 90	20 ℃
指干时间	h	8 ~ 10	20 ℃
配合比（重量）		A∶B＝2∶1	

注：A 组分为深绿色液体，B 组分为乳白色液体。

表 4-10　修补（找平）胶 YZJ－CZ 的物理力学性能

项目	单位	指标（平均值）	测试标准
拉伸强度	MPa	32.90	GB/T 2568—99
拉伸剪切强度	MPa	18.00	GB 7124—2008
抗折强度	MPa	43.84	GB/T 2570—99
粘结正拉强度（钢－混凝土）	MPa	3.42	GB/T 12954
可使用时间	min	50 ~ 60	20 ℃
指干时间	h	6 ~ 8	20 ℃
配合比（重量）		A∶B＝4∶1	

注：A 组分为白色膏状体，B 组分为黑色膏状体。

4.4 结构胶本身的强度及粘结强度

4.4.1 结构胶本身的强度与被粘结物体强度之间的关系

确定结构胶本身需要的强度,首先应确定被粘结的对象。是钢与钢粘结,混凝土与混凝土粘结,还是碳纤维或钢板与混凝土粘结,粘结的对象不同,对结构胶的强度要求也不同。

说起结构胶本身应具有的强度,一般认为强度越高越好,但是,仔细分析起来,并非必然。以钢板与混凝土粘结为例,使用的结构胶并不需要特别高的强度。这里说的强度还要分清楚:一是结构胶本身的强度;二是结构胶的粘结强度,这是两个概念。

4.4.2 结构胶本身应具有的强度

确定需要的结构胶本身的强度很容易,首先要搞清楚粘结构件、被粘结构件及结构胶三者材料本身的强度,然后逐项比较它们的各项强度。结构胶本身的各项强度指标必须大于粘结和被粘结物体中材料强度最小的强度。具体而论,就钢板与混凝土来讲,结构胶的强度要大于混凝土的拉伸、剪切强度并有一定的安全余量就满足要求,无需太高,太高没有意义。因为三者在联合工作中,首先被破坏的是它们中强度最低的材料,在这里也就是混凝土了。在结构加固中,结构胶的作用主要是传递应力,使粘结构件和被粘结构件联合工作,主要处于受剪力和拉伸状态,因此结构胶的抗剪、抗拉强度必须大于混凝土的抗剪、抗拉强度。由于混凝土的抗剪、抗拉强度不高,所以结构胶本身的抗剪、抗拉强度也无需太高。

4.4.3 结构胶应具有的粘结强度

结构胶本身的强度和粘结强度不同,它们之间并非线性关系,并不是胶本身强度高,粘结强度就高,反之亦然。粘结强度指的是结构胶与被粘结物体在粘结面上的粘合强度。粘结强度应由粘结构件与被粘结构件的粘结试验得出,由试验测量出粘结面上的粘结应力。粘结应力必须大于被粘结物体中强度弱的一方材料本身的强度,具体说,就是要大于混凝土的抗拉、抗剪强度。也就是说,在粘结构件、被粘结构件和结构胶联合受力工作时,不会在粘结界面上脱开,破坏面不应发生在胶层中,也不应发生在界面上,而是发生在混凝土内部。

《碳纤维片材加固修复混凝土结构技术规程》(CECS 146:2003(2007 版))规定:碳纤维正拉粘结强度大于等于 2.5 MPa,同时破坏面发生在混凝土内部。

4.5 结构胶本身强度及粘结强度的试验方法

4.5.1 结构胶本身强度的试验方法

结构胶本身的强度,一般要给出抗拉、抗压、抗折强度,采用什么方法测试它们的强度是十分重要的，方法不同得出的结果也不相同。最近《碳纤维片材加固修复混凝土结构技术规程》（CECS 146：2003（2007 版））作出了明确规定，结构胶本身的强度应该按国家标准《树脂浇注体性能试验方法》（GB/T 2567—2008）进行。它们分别为：

（1）拉伸试验。按国家标准 GB/T 2568—1995 进行。

（2）压缩试验。按国家标准 GB/T 2569—1995 进行。

（3）弯曲试验。按国家标准 GB/T 2570—1995 进行。

4.5.2 结构胶拉剪粘结强度的测试方法

4.5.2.1 金属与金属粘结

粘结钢板和粘贴碳纤维用结构胶，相关规范提出要做金属对金属的粘结试验，要求的试验方法相同，都是按国家标准 GB/T 7124—2008 进行的。粘钢加固相关规范提出的指标，拉伸剪切强度不小于 18 MPa，碳纤维加固相关规程提出的指标，拉伸剪切强度不小于 10 MPa。

4.5.2.2 金属或纤维与混凝土粘结

碳纤维加固技术相关规程提出，结构胶必须做正拉粘结强度试验，其试验方法是用结构胶将一块 40 mm × 40 mm 的金属块粘结在开槽的混凝土块上，混凝土块的强度在 C50 以上。试件粘结后在室温条件下固化 7 天以上，进行拉伸试验，计算出正拉粘结强度。胶的粘结强度是否合格，按表 4-11 判别。

表 4-11 粘结强度判别

<table>
<tr><th>破坏形态</th><th>粘结强度（MPa）</th><th>结论</th><th colspan="2">说明</th></tr>
<tr><td>混凝土母体破坏</td><td>粘结强度高</td><td>合格</td><td colspan="2">粘结强度大于
混凝土抗拉强度</td></tr>
<tr><td rowspan="2">表面破坏</td><td>≥2.5</td><td>合格</td><td rowspan="4">国外指标</td><td>≥1.5</td></tr>
<tr><td><2.5</td><td>不合格</td><td><1.5</td></tr>
<tr><td rowspan="2">粘结面破坏</td><td>≥2.5</td><td>合格</td><td>≥2.0</td></tr>
<tr><td><2.5</td><td>不合格</td><td><2.0</td></tr>
</table>

4.6 结构胶的硬度、韧度及疲劳

4.6.1 结构胶的硬度

在工程结构加固中结构胶的硬度也是一项重要的指标（有些国家就是以硬度作为验收标准的），结构胶的硬度表示材料抵抗其他物体压入其中的能力。试验证明，塑性材料的极限强度在一定程度上与硬度有关。

确定材料的硬度必须进行试验，试验方法很多，各种方法得到的硬度也不相同，但它们可以互相换算。不同的材料，不同的结构胶，其硬度亦不同。以长江牌 YZJ－1 结构胶

为例,对它的硬度进行了试验。试验的方法及结果如下:

试验方法:是应用比较广泛的一种布林纳耳法,简称布氏硬度法。

试验设备:BH－3000 布氏硬度仪,采用直径为 10 mm 钢球,荷载为 2.5 kN,持续时间 60 s,在试件上压出一个圆坑,根据荷载和小圆坑面积计算出硬度。

试件尺寸:30 mm×30 mm×30 mm 立方体,试件制作后,在室温 25 ℃环境养护 7 d,使其完全固化。

试验结果:平均硬度值为 14.69(布氏),最大硬度值为 18.70(布氏),最小硬度值为 11.60(布氏)。

比较:试验证明,不同品种钢的布氏硬度与其极限硬度有下列近似关系

$$\sigma_b \approx 3.6H_b$$

式中 σ_b——钢的极限强度,MPa;

H_b——钢的布氏硬度,布氏。

一般结构钢的极限强度为 470 MPa 左右,则一般结构钢的布氏硬度为 130 布氏左右,可见 YZJ－1 结构胶的硬度比钢的硬度小得多,相差一个量级。一般白口铁的硬度为 150～200 布氏,比结构胶的硬度高 10 倍以上。

4.6.2 结构胶的韧度

韧度也是材料的一种力学性质,它代表材料抵抗冲击的能力,通常由冲击试验来确定。材料不同,韧度也不同,材料的韧度越高,抵抗冲击的能力越好。

4.6.2.1 YZJ－1 结构胶的冲击韧度

由于加固的工程往往会遇到冲击荷载作用,如桥梁、厂房加固等,这就对加固采用的结构胶材料的韧度提出了要求。确定材料韧度的试验方法有很多种,甚至不同的材料有不同的韧度试验方法。我们采用了砂泥、岩石确定韧度的试验方法,对 YZJ－1 结构胶进行了韧度试验。将试件做成直径为 2.5 cm,高度为 5 cm 的圆柱体,用 20 N 标准的重锤,按规范操作,在一定高度自由下落冲击胶体试件,得出破坏高度,并按专用计算公式得出韧度。YZJ－1 结构胶的冲击韧度各项指标如表 4-12 所示。

表 4-12 YZJ－1 结构胶的冲击韧度 (单位:$N \cdot cm/cm^3$)

型号	韧度			
	平均值	最小值	最大值	胶中填料
YZJ－1a	1 192	843	1 541	石英砂
YZJ－1b	676	573	881	陶瓷粉
YZJ－1c	917	668	1 166	铸石粉

由表 4-12 可见,不同填料的胶韧度不同,因此可以用不同填料改善结构胶的韧度,当然,也可以改变其他成分,以达到改变胶的韧度,满足工程加固冲击韧度的要求。YZJ－1 系列结构胶专门配制有加固桥梁、厂房等有冲击振动作用的耐冲击的结构胶。

为了对结构胶的冲击韧度有较全面的了解,下面给出两种与粘钢加固有关的常用材

料的韧度，以便作一比较，确定 YZJ－1 结构胶的韧度地位。

4.6.2.2 水泥砂浆的冲击韧度

不同砂浆强度不同，它的韧度亦不同，下面给出不同砂浆强度相应的韧度（见表4-13）。

表4-13 砂浆的强度和韧度

砂浆抗压强度（MPa）	砂浆的特征	砂浆韧度（N·cm/cm³）
5~10	试件的棱角容易掰掉，肉眼观察空隙较多，密度在 1.95 g/cm³ 左右	18
10~20	试件的棱角不容易掰掉，结构较密实，密度在 2.0 g/cm³ 左右	45
20~30	颜色呈青绿色，使用工具才能破碎，密度在 2.1 g/cm³ 左右	72
>30	颜色呈青绿色，须使用尖锐工具才能破碎，密度在 2.1 g/cm³ 以上	100

4.6.2.3 钢材的冲击韧度

国家相关规范规定，用于桥梁建设的钢材，冲击韧度不应小于 10 kg·m/cm³（摆锤冲击法，单位与前面不同）；用于锅炉的钢材，韧度为 6~7 kg·m/cm³。

将钢材的冲击韧度换算成与结构胶和砂浆同一种单位，桥梁所用钢材韧度应大于 1 000 N·cm/cm³，锅炉钢材的韧度为 600~700 N·cm/cm³。

4.6.2.4 YZJ－1 结构胶的韧度

比较 YZJ－1 结构胶、砂浆及一般建筑钢材的冲击韧度，YZJ－1 结构胶的冲击韧度在一般建筑钢材和水泥砂浆的冲击韧度之间，它接近于建筑钢而远大于水泥砂浆的冲击韧度。它具有良好的抗冲击性能。从 YZJ－1 结构胶冲击韧度试验结果以及与其他材料韧度比较分析，证明 YZJ－1 结构胶材料的性质属弹塑性材料，而不是脆性材料。

4.6.3 结构胶的疲劳

建筑构件常常受着随时间按某种规律改变的应力，这种应力称为重复应力。在重复应力作用下，构件的强度和破坏形式与静荷载作用时截然不同。建筑构件会在承受荷载远低于材料的极限强度下突然被破坏，这种破坏称为疲劳破坏。

承受重复应力的构件，它上面每一点的应力，随着时间在最大应力 σ_{max} 和最小应力 σ_{min} 之间循环变化。σ_{min} 与 σ_{max} 的比值称为循环特征，用 r 表示。疲劳裂缝的出现和发展，与构件所受重复应力的两个极限值 σ_{min} 与 σ_{max} 有很大关系。试验证明，当 σ_{min} 与 σ_{max} 的比值不变，及循环特征 r 为某一定值时，如果最大应力 σ_{max} 不超过某一极限值，则材料可以经受无限次应力循环而不发生疲劳破坏，这个 σ_{max} 的极限值称为材料在循环特征为 r 时的“持久极限”，用 σ_r 或 τ_r 表示。

持久极限 σ_r 可以说明材料抵抗疲劳破坏的能力，它与材料的屈服极限和强度极限同样重要。

4.7 结构胶的老化

在实际工程加固中,总会遇到各种客观存在的实际环境条件。有的构件裸露在大气中,有的构件长期处在水中,有的构件要经受高温、低温反复交变,也有的构件在高能量光线的辐射之中等。加固工程采用的结构胶有使用寿命问题,从结构胶开始使用到丧失使用能力这段时间,称为使用寿命。加固工程不论在什么环境中,粘结胶的强度肯定是会发生变化的,但是变化的程度如何,加固工程在正常工作状况下,实际使用寿命有多长,必须有明确的答复,这就需要对使用的结构胶进行各种环境条件下的试验,才能提供可靠的依据。

4.7.1 引起结构胶老化的主要因素

引起结构胶粘结性能下降的主要因素有氧和臭氧、热、光、水和化学剂等。在这些因素中,它们产生的作用各不相同,现分析如下:

(1)氧对结构胶的老化起主要作用,因为氧可使高分子化学键氧化,使生成的过氧化物分解为自由基,进而又引起自由基的连锁分解。同时会发生其他复杂的歧化、交联及环化反应,使结构胶的强度降低。臭氧对高分子化合物的破坏作用比氧更大。

(2)热的作用可以使结构胶产生物理和化学变化,物理变化可使胶软化和产生较大变形,这种变形表现为外力作用产生的变形。化学变化表现为热分解,在高温的情况下,更加速氧化分解,这就是存在的热老化的基本原因。

(3)光对胶的作用是另一种概念,它主要是辐射能量促使胶被破坏,各种光线的能量不同,能量越大,影响越大。各类光中对胶起破坏作用最大的是紫外线光,紫外线除能直接引起分子链的反应外,还由于结构胶能吸收光的能量产生自由基,加速氧化链的反应过程。红外线光也产生影响,因为红外线光能起加热的作用,热的作用前面已经讲了。光的作用不同于一般热的作用,它的反应和破坏主要在胶的表面进行。

(4)水对结构胶老化的影响比热和光的影响更大,因为水分子的体积很小,极性又大,这就决定了水分子能很容易地渗透到胶层中,水还可以以水蒸气的形式作用于胶层,其影响就更大了。

(5)化学剂对结构胶的影响,当加固的工程处在与某种化学剂(如酸、碱、盐、油等)接触时,结构胶高分子材料可能会产生化学反应。当化学分子渗透到结构胶交联内部时,产生渗透压力,使结构胶产生膨胀、变形和应力。随着时间变化,可能导致强度降低,特别是在高温情况下,强度降低得更快。

上述因素的影响,很少是孤立的某一因素单独对结构胶产生影响,往往同时有多种因素共同作用,综合影响。如自然环境就有氧、热、光、水,甚至还有有害化学气体等。因此,大气自然环境的老化试验是一定要做的。其他特殊情况应区别对待。

目前我们国家对耐环境的各种试验方法有的已经明确,有的正在制定中,碳纤维加固用结构胶在相关规程[4]中规定"配套树脂粘结材料应参照《机械工业产品用塑料、涂料、橡胶材料、人工气候老化试验方法 荧光紫外灯》(GB/T 14522—2008)规定的环境条件，进行耐久性试验，经2 000 h的加速老化后，正拉粘结试验强度不应有明显降低”。除此之外，在特定环境下工作的加固工程，还需要进行特定条件要求的老化试验。

4.7.2 针对自然环境的加速老化试验

在实际环境中，大气中的氧、热、光对结构胶的氧化和分解过程是很缓慢的，采用在自然环境中进行老化试验，得出胶的强度因老化降低到无法使用的程度，或作出胶的强度随时间的老化曲线。如直接进行露天曝晒试验，需要的时间是漫长的，可能需要十几年甚至几十年，采用这种方法获得的资料是第一手的、珍贵的和可靠的，但是这是很困难的，甚至是不可能的。为了在较短的时间内得出结构胶老化的寿命，通常采取加速模拟老化试验方法。

目前国内有专用的模拟试验设备，如“6W－2 氙气灯人工气候试验机”，可同时进行热、湿和光等内容的试验。可根据需要，设定它们的参数。以瑞士爱劳达 XHlllA/B 和长江牌 YZJ－1 环氧树脂胶为例，可看出环氧类结构胶老化的寿命。

4.7.2.1 爱劳达 XHlllA/B 结构胶的加速老化试验

试件：20 mm×20 mm，40 个。

受力状况：压缩双剪切。

试验条件：氙气灯，功率 6.5 kW(水冷式)。

工作室温度：(63±3)℃。

相对湿度：(65±5)%。

降雨周期：18 min/120 min。

试验时间：2 000 h。

测试指标：压辅双剪切强度(参照 ISO4587:2003、GB/T 7124—2008)。

试验结果见表 4-14。

表 4-14 爱劳达 XHlllA/B 试样的人工老化试验结果

人工老化试验时间(h)	压缩剪切强度			
	平均值(MPa)	平均保持率(%)	最高值(MPa)	最低值(MPa)
0	26.8	100	36.1	7.6
500	26.9	100	29.7	20.7
1 000	23.6	88	25.0	22.4
1 500	29.4	109	39.4	19.3
2 000	27.4	102	39.1	14.5

4.7.2.2 YZJ－1 结构胶的加速老化试验

试验设备：国产 6W－2 氙气灯人工气候试验机。

试验条件：氙气灯功率 6 kW。

工作室温度：(45±2)℃。

相对湿度:(70 ±5)%。

喷水周期:12 min/h。

老化时间:2 000 h。

测试指标:不锈钢片搭接粘结试验,测试拉剪强度(按国家标准 GB/T 7124—2008 进行测试)。试验结果见表4-15。

表4-15 YZJ-1 结构胶老化试验结果

老化时间(h)	平均拉剪强度(MPa)	保持率(%)	拉剪强度(MPa)		破坏类型
			最高值	最低值	
原始值	18.1	100	18.7	17.1	粘附破坏2件 混合面破坏3件
800	18.6	103	19.4	16.0	粘附破坏4件 混合面破坏1件
1 200	17.8	98	19.1	15.4	粘附破坏3件 混合面破坏2件
1 600	18.2	100.6	18.9	17.2	粘附破坏2件 混合面破坏3件
2 000	18.0	99.5	19.1	16.2	粘附破坏3件 混合面破坏2件

从上述两个试验结果可见:环氧树脂类型结构胶加速老化过程中,受到光、热、氧和水等综合因素的作用,要比实际环境条件苛刻得多。但是,试件的抗剪强度(压剪或拉剪)没有降低,甚至略有提高(在2 000 h前胶的强度略有提高,在其他胶试验过程中也有这种类似现象,这是因为胶在加速老化的高温情况下,得到更充分的固化,才使胶的强度略有提高之故)。

4.7.3 加速老化与实际自然条件之间的关系

前面介绍了2 000 h加速老化试验结果,那么2 000 h相当于自然环境多长时间呢?这是个很难答复的问题。原因有两点:一是自然环境没有一个确切的标准,自然环境的条件可以说无限多,每个地域环境的温度、湿度、光照都不同;二是目前还没有人做出胶在特定自然条件中长期老化的试验结果,如50年或100年。因此,无法精确地找出加速老化时间与相应自然条件之间老化寿命的关系。

为了找出加速老化时间与相应自然环境条件下的老化寿命之间的关系,不少学者提出了根据加速老化寿命推延实际环境条件下胶的寿命的理论。如美国学者特柯梅(Takoma)、伟旭(Walh),根据美国制定的老化标准 PSI-74 改进的方法 ASTMD-3434 自动煮沸试验,提供了结构胶强度降低的速率与煮沸—干燥循环周期数之间的关系。重要的是他们进行了11年室外现实环境老化结构胶强度变化的试验,建立了煮沸老化试验结果与现实老化试验结果之间的关系。他们做了四种胶的老化试验,并建立了加速老化时间与结构胶之间强度降低的方程式,用 11 年现实环境老化实测结果拟合,建立了加速老化与现实老化的关系曲线。11 年以外的关系曲线,是采用推延的办法得到的。如何推延,又有不同的理论。

作者认为:在没有对结构胶在实际环境中做出胶的强度与时间(约 50 年或更长)全程关系曲线之前,这些理论只能作参考,不能作依据。现在的相关规程提出胶的强度经 2 000 h 加速老化试验后强度基本上不降低的要求,但没有作出相应自然环境的寿命多长的说明,这个问题有待进一步研究。

4.7.4　结构胶的耐水性能

在工程加固中,有可能使水分子渗透到结构胶中,水分子有可能分解界面上结构胶的分子,形成水分子层的弱界面层,这就是在潮湿环境中导致强度下降的主要原因。结构胶的水解稳定性取决于其化学结构、催化剂类型和用量,以及结构胶的柔韧性等。并非任何结构胶都有水解性。目前,市场上用于粘钢及碳纤维用的结构胶,如 XHllA/B、JGN 及 YZJ 等结构胶,都是采用特殊配方制成的,且不溶解于水。若加固的工程在潮湿或水下环境中,在选择结构胶时必须十分慎重。

为了了解水对结构胶的危害,现介绍一般结构胶的耐水性能和试验结果。有一个概念应当明确,即水和水蒸气,它们对结构胶的作用不完全一样,水蒸气对结构胶的渗透性比水要快,因此结构胶在潮湿空气中比浸没在水中强度降低得更快。

耐水性试验有湿热试验、恒温浸水试验和干湿交替试验等。目前,我国还没有出台相应的试验标准,但是各单位都在根据具体情况制定有关规定。

4.7.4.1　湿热试验

人工湿热试验是模拟对应的湿热条件,以便在较短的时间内预测到结构胶的耐湿热性能。湿热试验是在有湿度和温度等因素作用下的老化试验。胶在使用和贮存过程中,湿度会引起水解作用,某些胶对湿热因素的影响比较敏感,所以湿热老化比热空气老化具有更大的加速作用。湿热试验方法可用于评价胶制品在湿热条件下的耐老化性能,并用于推算使用期限(寿命)的研究。试验用湿热箱应符合《湿热试验箱技术条件》(GB/T 10586—2006)的规定。

4.7.4.2　恒温水浸试验

根据试验要求,将试件浸泡在恒温水槽中试验,该水槽能保持试验所规定的温度。恒温水浸试验突出了水的作用,能很好地反映粘结构件长期在水中使用老化的情况。这种方法设备简单、费用低。

4.7.4.3　干湿交变试验

该试验是以水浸—干燥气流烘烤作为试验周期,这种方法在老化研究中使用得比较普遍。目前,我国已有各种规格型号的干燥试验箱,如 105、106 型电热密封干燥箱,404－1 型红外线干燥箱等。

4.7.5 提高结构胶抗老化的措施

自然界中的万事万物,不管是有生命的还是无生命的,是有机的还是无机的,不可避免地都在随着时间的推移而缓慢地老化,这种老化相对来讲(短期几十年或几百年)是可以减缓的,但是绝对地讲是无法抗拒的。为了达到延长生命或使用年限的目的,都在采取各种措施或方法提高抗老化的能力,结构胶也是如此。

提高结构胶抗老化的措施有:

(1)选择配制结构胶的用材,应选分子结构比较稳定,分子键联结比较牢固,不要有游离分子存在的材料。选择好的固化剂、催进剂、耦联剂等,改善结构胶的性能,提高结构胶本身的抗老化能力。

(2)在结构胶中掺加抗热老化和抗光老化的材料,目前这种材料国内外都有。

(3)在有机物结构胶中,在保证一定强度的前提下,掺加强度高的无机物材料,改善老化条件。

(4)采取有效防护措施,使加固构件中结构胶与空气、水蒸气、光线及化学气体隔绝,保护结构胶的安全。如在构件表面粉抹一层 20~30 mm 厚的高强水泥砂浆,或涂一层抗老化的化学材料,既整洁美观,又能提高抗老化性能。

(5)如有可能,尽可能使加固构件避开露天裸露曝晒。

(6)尽可能选用无机结构胶,无机胶抗老化能力远大于有机胶抗老化能力。

(7)采用粘结加固的工程,应尽可能避免高温环境,尽可能不在加固的构件上进行高温作业,如电焊或氧割等。

4.8 结构胶的强度与温度变化的关系

以环氧树脂为主剂的结构胶,在使用中都限定在一定温度范围内工作,工作环境温度不能超过一定温度。为什么不能超过一定的温度?不能超过多高的温度?胶的强度与温度之间的关系如何?如果在粘结钢板上局部受到高温,如电焊或氧割对结构胶的粘结强度影响的程度和范围怎样?这些问题,目前尚无理论回答。

为了工程实践的需要,也为了回答上述问题,武汉水利电力大学侯发亮教授带领他的团队,以长江牌(YZJ)结构胶为例,进行了高温性能试验,试验的结论如下:

(1)以环氧树脂为主剂的结构胶,工作环境的最高温度为 60 ℃,环境温度超过 60 ℃,粘结强度急速下降,不能再正常工作。温度超过 120 ℃,结构胶的粘结强度全部丧失。

(2)氧割对结构胶造成严重损伤,损伤可分为四个区:碳化区、重伤区、轻伤区、无伤区,其最大的影响范围距离切割缝 60 mm 左右。

(3)焊接对结构胶造成损伤略轻于氧割,损伤情况类似于氧割损伤,有几个区域,最大影响范围 48 mm 左右(从钢筋周边计算)。

(4)一般不允许在粘钢加固的钢板上进行氧割或电焊,若确实需要,在大面积粘结的钢板上,局部焊接一根钢筋或切割一个缝隙,不会影响整体受力。若在粘结的钢板上需要焊接较多的钢筋或钢件,最好先焊接再粘结,以免影响粘结强度。

第 5 章　结构加固计算方法

5.1　有限元法结构应力数值模拟

5.1.1　计算依托工程实例概况

回龙抽水蓄能电站位于河南省南阳市南召县的岳庄村附近，是为缓解河南电网调峰问题而建设的调峰电源，主要承担电网的调峰填谷任务，并兼有旋转备用、调频等功能。主要包括上库主、副坝，下库大坝，引水发电系统，地下厂房，辅助开关站等主要建筑物，电站装机容量 2 ×60 MW。该工程 2005 年建成发电。

由于回龙电站所处的分水岭垭口是“交通天然走廊”的必经之地，而回龙电站尾水洞横穿该区域。2007 年岭南段高速公路在此通过，与电站尾水洞的相交不可避免。岭南段高速公路在公路隧道桩号 RK1 +305 m 和 RK1 +292 m 处，公路隧道从尾水隧洞上面穿过，两条隧道底部分别距离尾水隧洞顶 3. 59 m 和 3. 67 m。

“岭龙工程”在回龙抽水蓄能电站中的位置见图 5-1，公路隧道与电站尾水洞的相互关系见图 5-2，电站尾水洞和公路隧道的横断面见图 5-3、图 5-4。

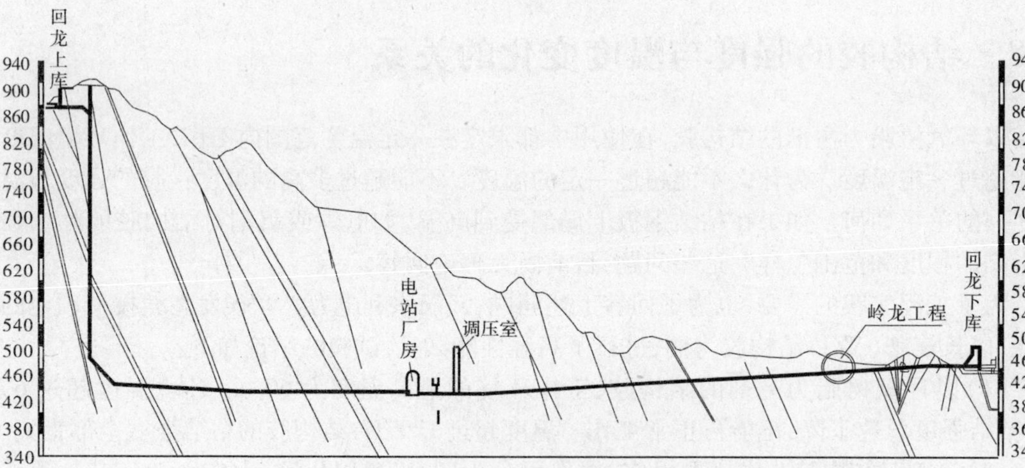

图 5-1　“岭龙工程”在回龙抽水蓄能电站中的位置

由于回龙电站是已建成正在运行的电站，公路隧道从尾水隧洞上面近距离穿过，导致尾水洞上覆岩体厚度不满足结构受力要求，需要就公路隧道对回龙电站的影响进行有限元计算，对可能的影响进行分析研究，根据计算的结果，提出结构及防渗处理方案。

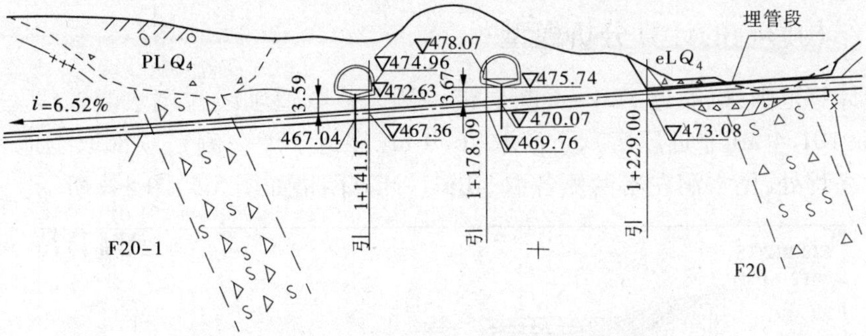

图 5-2　尾水隧洞与高速公路隧道空间关系

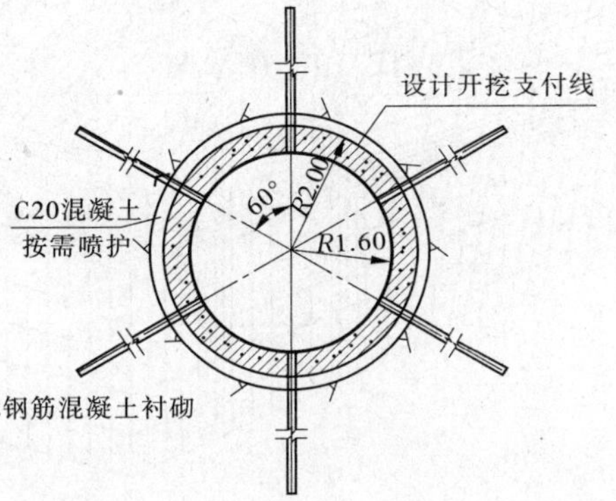

图 5-3　尾水隧洞横断面

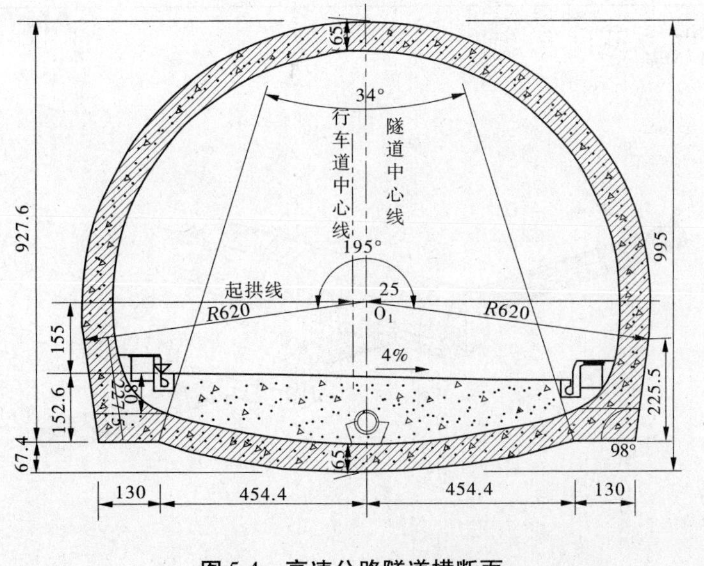

图 5-4　高速公路隧道横断面

5.1.2 结构影响的计算分析模型

模型计算范围：以靠近 F20－1 断层带一侧公路隧道轴线与尾水洞轴线公垂线为中心，上游取 101.4 m（靠近厂房），下游取 76.9 m（靠近下库一侧），顶部取至地表，底部取至 429 m 高程处，尾水洞左右两侧各取 30 m。计算网格如图 5-5、图 5-6 所示。

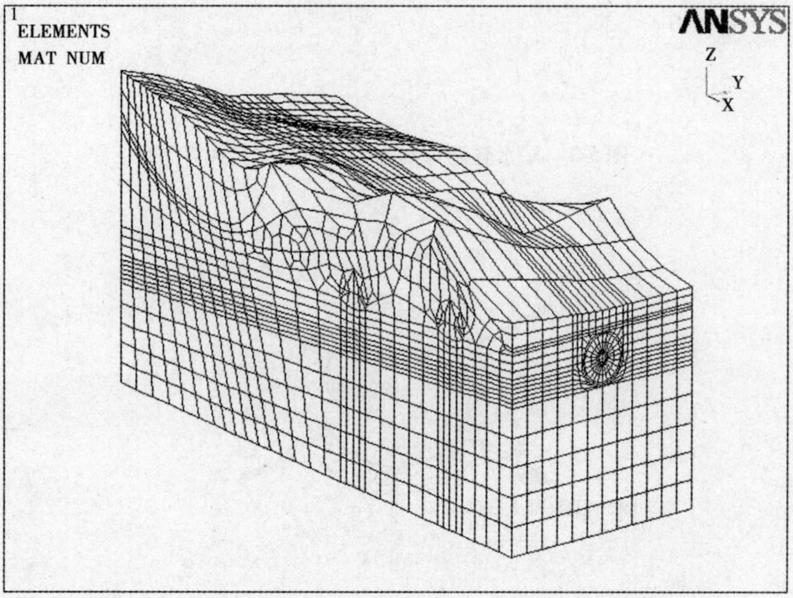

图 5-5 高速公路隧道对尾水隧洞结构影响计算有限元网格

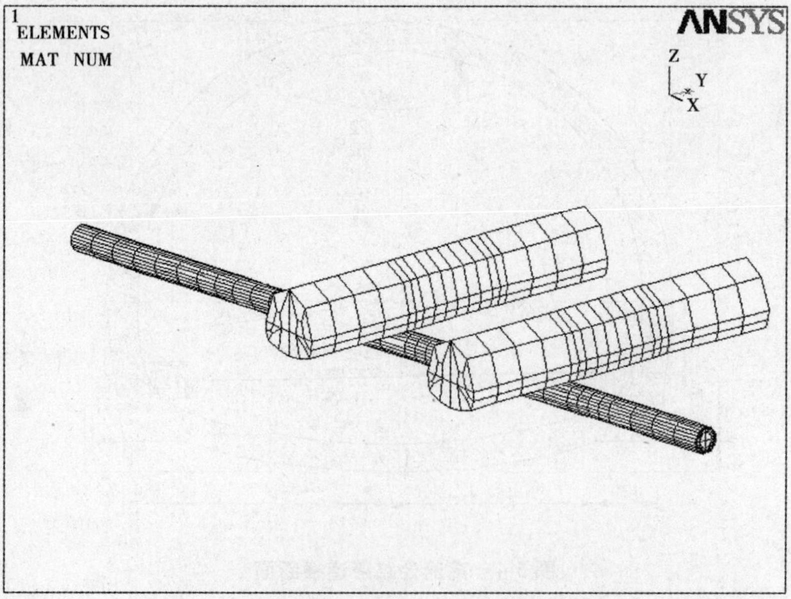

图 5-6 尾水洞衬砌单元与交通洞开挖单元网格

模型边界条件:模型顶部为自由面;尾水洞左右两侧和上下游侧围岩边界以及底部围岩边界为法向约束,即假定法向位移为零。

模型坐标系:模型采用笛卡儿直角坐标系,其整体坐标系的 X 轴为水流方向,指向下游为正;Z 轴沿铅垂向,向上为正;Y 轴由右手法则确定,指向左侧(面向下游)为正。坐标原点位于靠近 F20-1 断层带一侧公路隧道轴线与尾水洞轴线的公垂线延长线上,高程 0.0 m 处。

岩体单元采用八结点六面体及四结点四面体实体单元,混凝土单元均采用八结点六面体。计算模型总结点数为 24 380 个,总单元数为 22 854 个。其中混凝土衬砌单元 3 168个,围岩单元 19 686 个。

根据工程的施工顺序,计算工作分五个荷载进行:

第①步:计算自重应力场;

第②步:模拟尾水洞开挖,假定全断面一次开挖完毕;

第③步:模拟尾水洞混凝土衬砌,考虑衬砌自重的作用;

第④步:模拟高速公路隧洞开挖,考虑围岩应力释放对衬砌结构的影响;

第⑤步:模拟尾水洞过水,隧洞中压力水头 45 m,分析衬砌结构的应力与裂缝情况。

5.1.3 修建高速公路前尾水隧洞的结构计算分析

在修建高速公路隧道前,尾水洞周围岩体完整,不受其他硐室的削弱影响,实际计算时只需要取消第④步。计算分别采用了线性有限元和钢筋混凝土非线性有限元两种计算方法,凡是图名中注明了线弹性字样的,都是线弹性计算结果;未注明的就是非线性计算结果。

计算结果如图 5-7 ~ 图 5-22 所示。

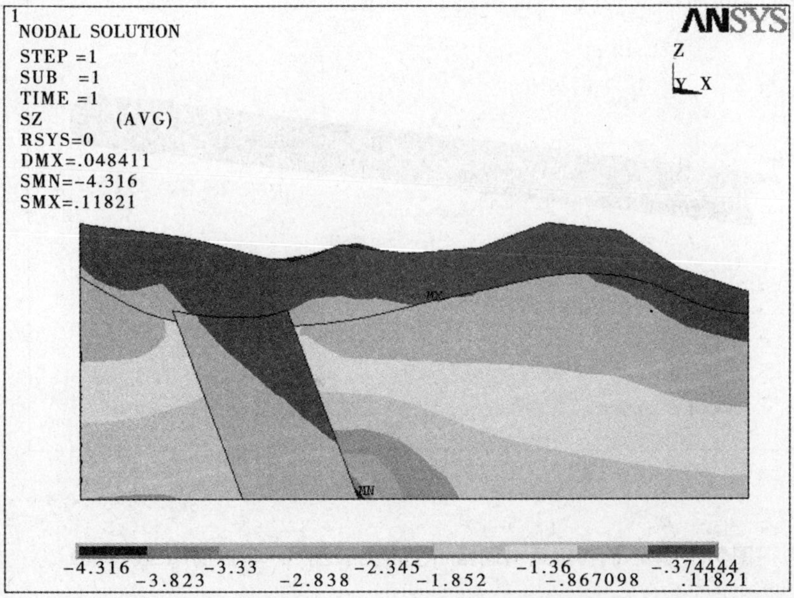

图 5-7 初始地应力 Z 向应力图 (单位:MPa)

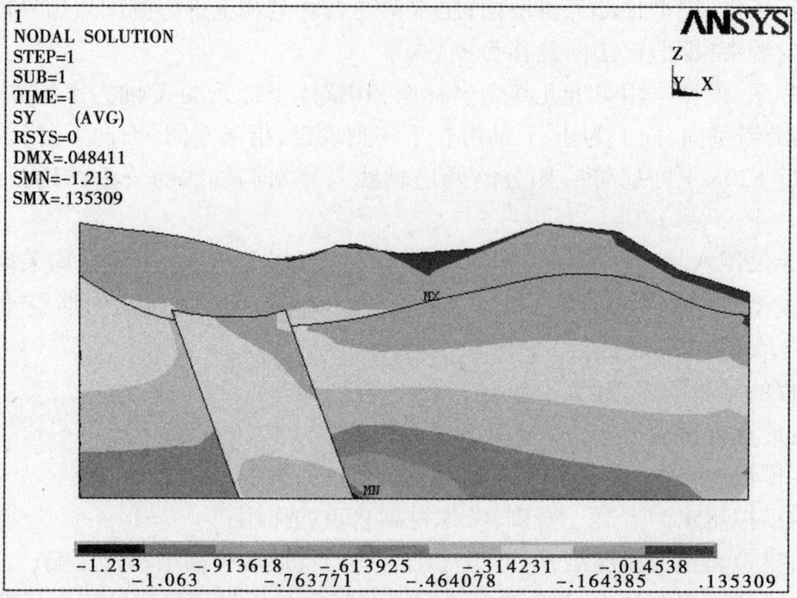

图 5-8 初始地应力 Y 向应力图 （单位：MPa）

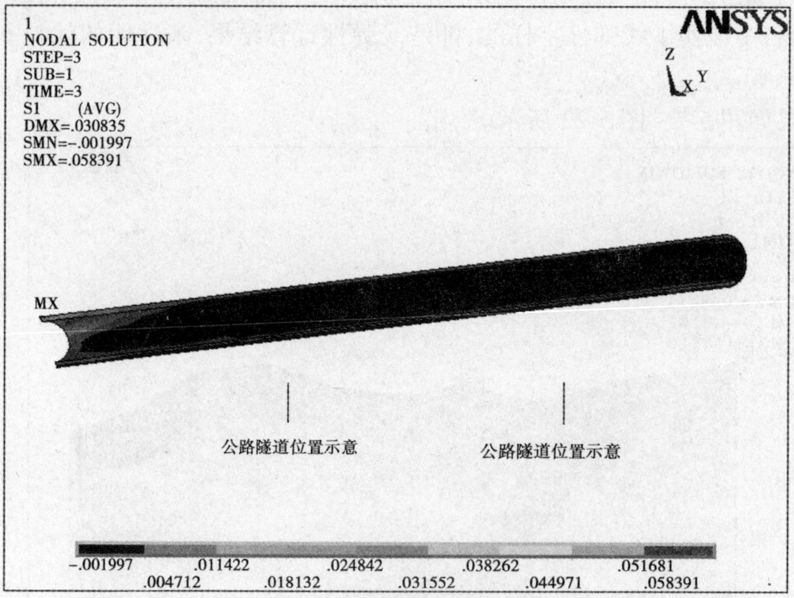

图 5-9 尾水洞衬砌后衬砌第一主应力云图 （单位：MPa，线弹性）

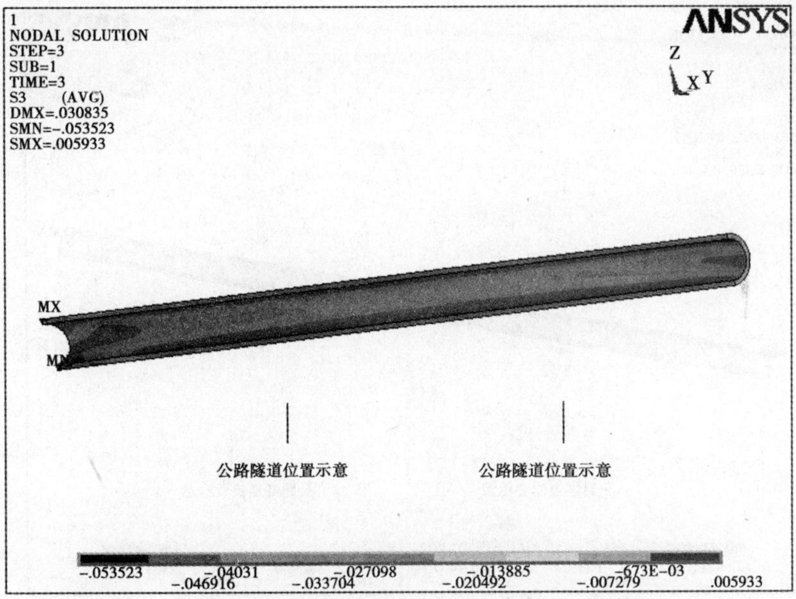

图 5-10　尾水洞衬砌后衬砌第三主应力云图（单位:MPa,线弹性）

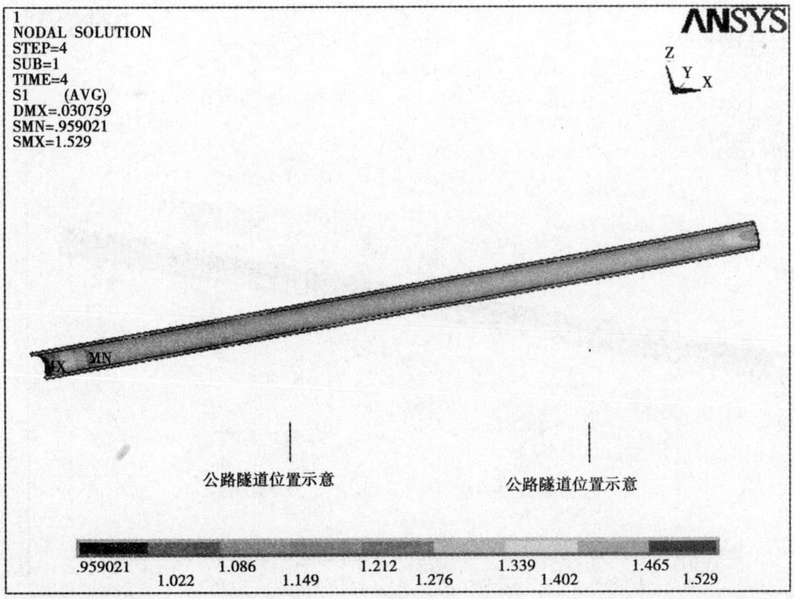

图 5-11　尾水洞过水情况下衬砌第一主应力云图（单位:MPa,线弹性,无公路隧道）

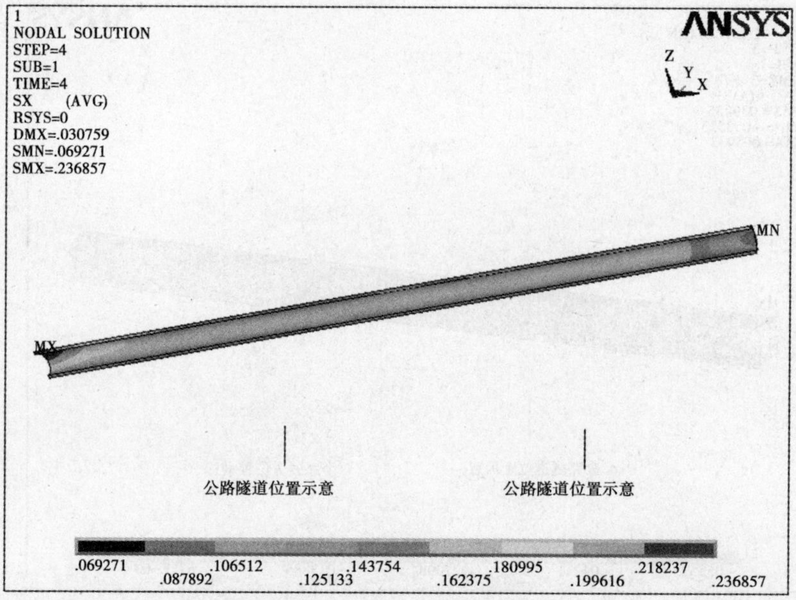

图 5-12 尾水洞过水情况下衬砌 X 向应力云图 （单位:MPa,线弹性,无公路隧道）

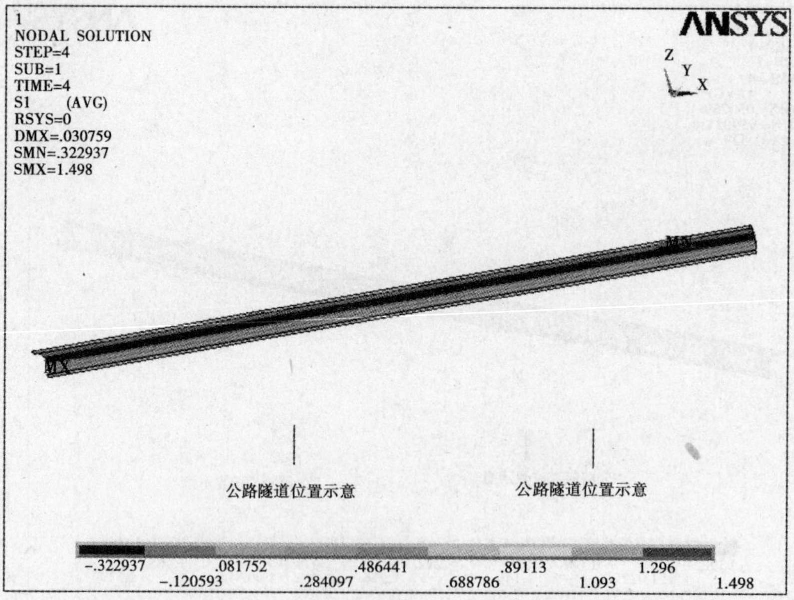

图 5-13 尾水洞过水情况下衬砌 Y 向应力云图 （单位:MPa,线弹性,无公路隧道）

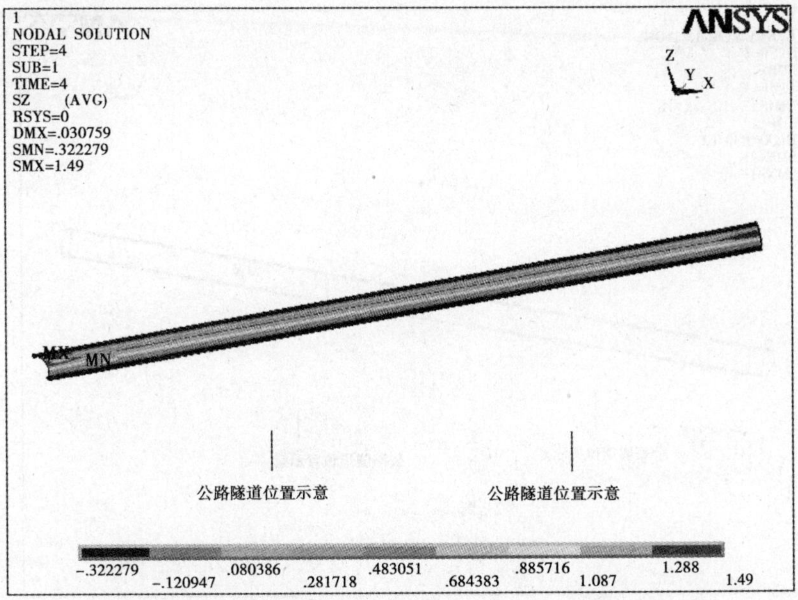

图 5-14 尾水洞过水情况下衬砌 Z 向应力云图 （单位：MPa，线弹性，无公路隧道）

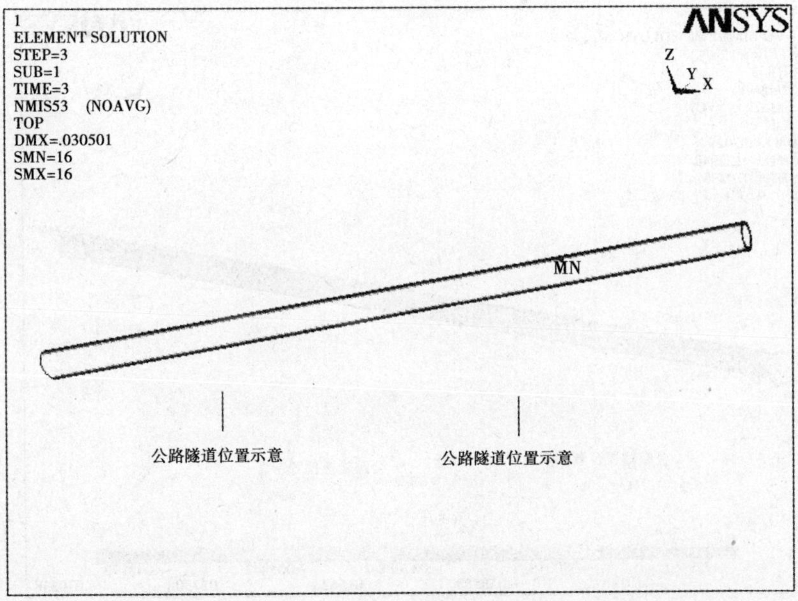

图 5-15 尾水洞衬砌后衬砌外表面开裂区示意图（$E_r=3.0$ GPa）

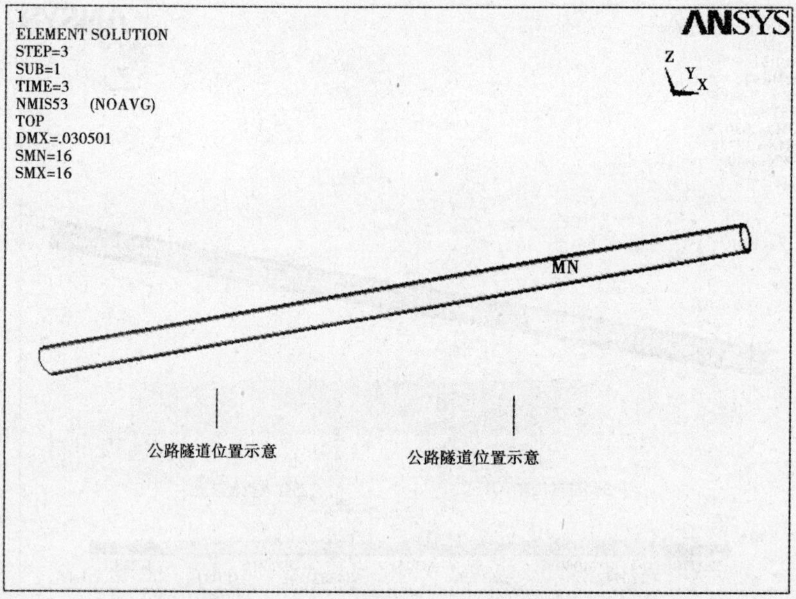

图 5-16　尾水洞衬砌后衬砌内表面开裂区示意图($E_r=3.0$ GPa)

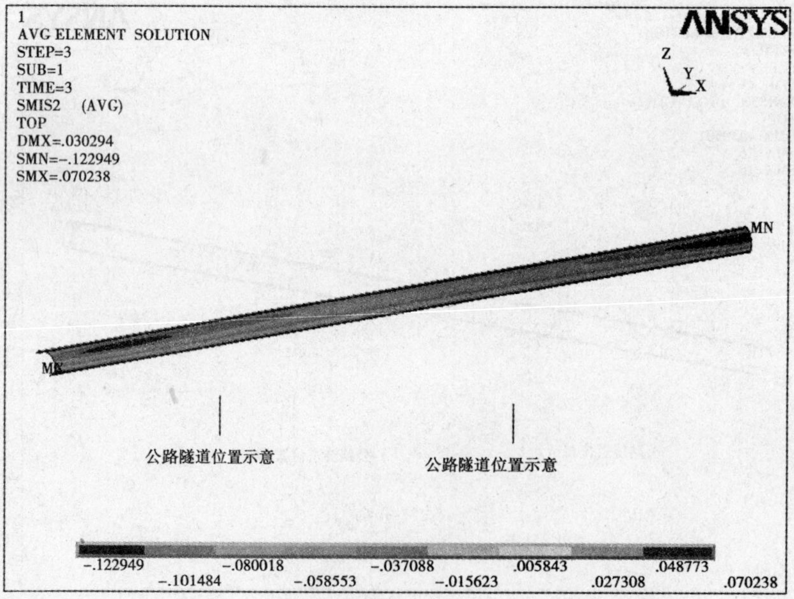

图 5-17　尾水洞衬砌后衬砌内层钢筋环向应力　(单位:MPa,$E_r=3.0$ GPa)

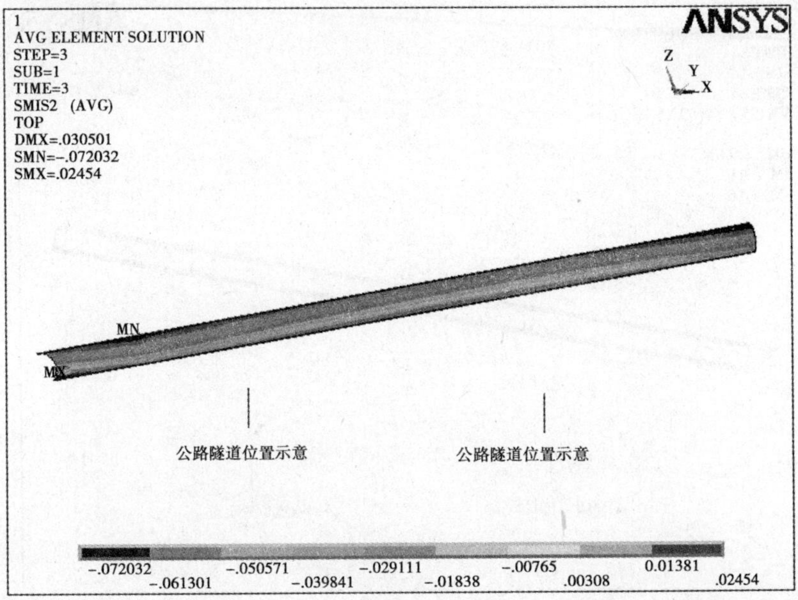

图 5-18 尾水洞衬砌后衬砌外层钢筋环向应力 （单位：MPa，$E_r=3.0$ GPa）

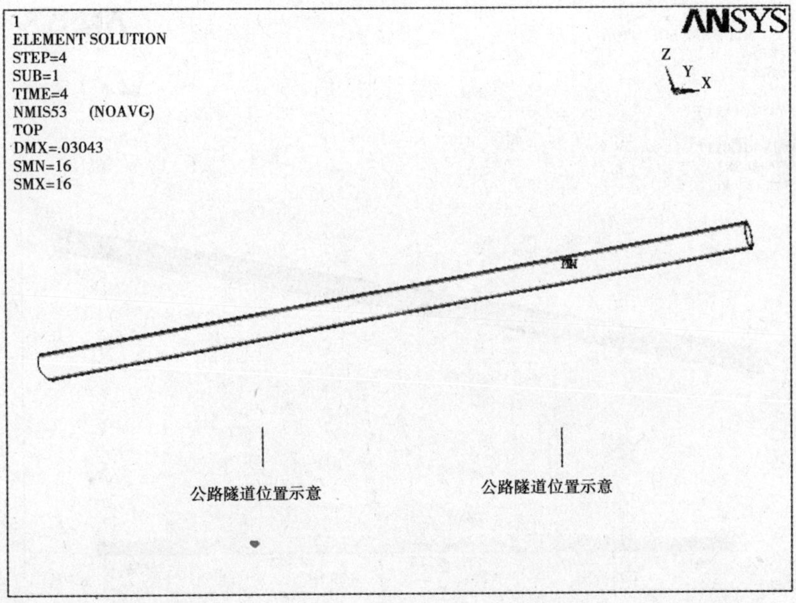

图 5-19 尾水洞过水情况下衬砌外表面开裂区示意图（$E_r=3.0$ GPa，无公路隧道）

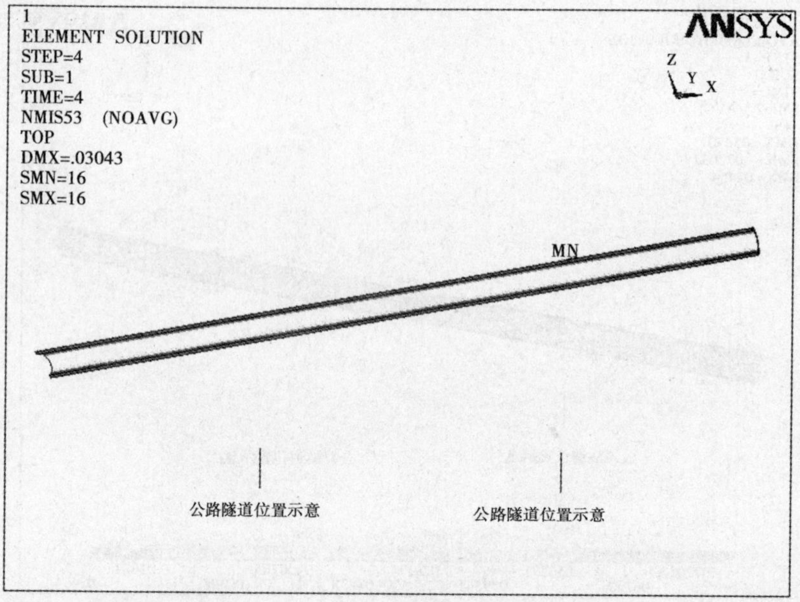

图 5-20 尾水洞过水情况下衬砌内表面开裂区示意图(E_r = 3.0 GPa,无公路隧道)

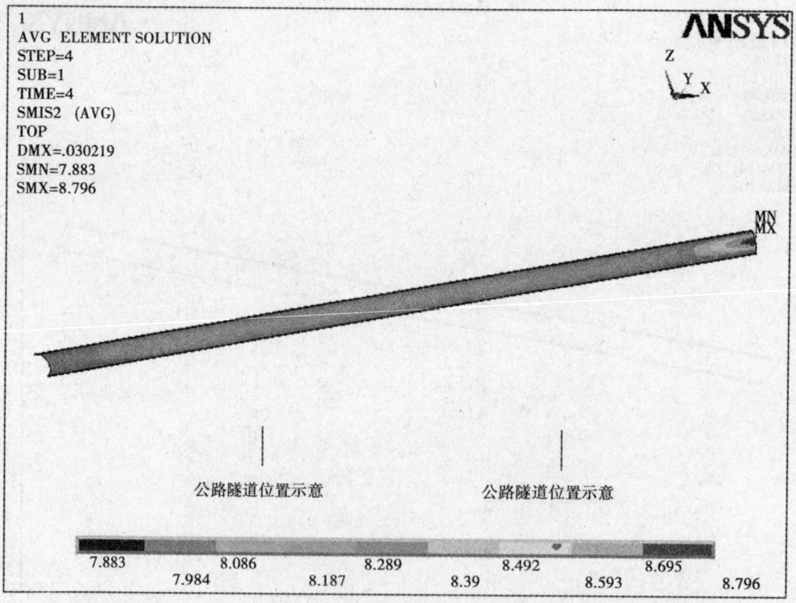

图 5-21 尾水洞过水情况下衬砌内层钢筋环向应力 (单位:MPa,E_r = 3.0 GPa,无公路隧道)

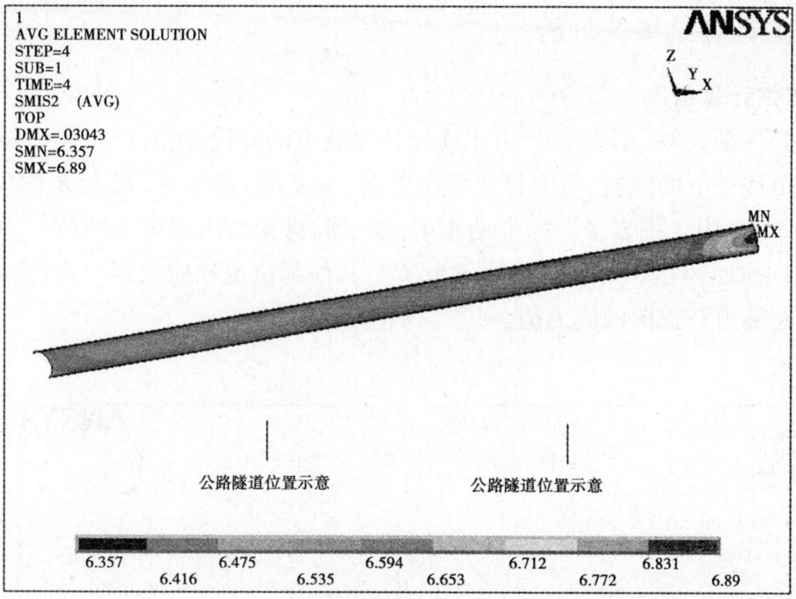

图 5-22 尾水洞过水情况下衬砌外层钢筋环向应力 （单位：MPa，E_r = 3.0 GPa，无公路隧道）

由图 5-7 ~ 图 5-22 可以看出：

（1）尾水洞浇筑完成后，仅有自重的作用，因此衬砌以压应力为主，但数值不大。尾水洞充水运行后，由于承受 45 m 水头的作用，衬砌内出现拉应力，其中高速公路隧道附近尾水洞段衬砌拉应力一般在 1.3 MPa 以内，F20 - 1 断层带附近可能达到 1.5 MPa。

（2）无论是衬砌浇筑完毕，还是尾水洞充水运行后，高速公路隧道开挖前尾水洞段衬砌拉应力都小于 1.3 MPa，低于 C30 混凝土的设计抗拉强度 1.5 MPa，因此衬砌混凝土均没有开裂，详见图 5-15、图 5-16、图 5-19、图 5-20；钢筋应力也很低，内、外层钢筋应力均不超过 10.0 MPa。

由此表明，尾水洞在高速公路隧道开挖前衬砌应力较低，也没有出现裂缝，不存在较大的渗漏问题。

5.1.4 修建高速公路后尾水隧洞的结构计算分析

在修建高速公路隧道后，尾水洞受高速公路隧道开挖的影响，不仅在尾水洞周围岩体中形成临空面，而且由于爆破振动的影响，还对尾水洞周围岩体产生削弱，因此实际计算时包括了前述的所有五个荷载。为了研究高速公路隧道对尾水洞衬砌结构的影响，计算分别采用了线性有限元和钢筋混凝土非线性有限元两种计算方法，并且对高速公路隧道正下方及其影响范围内岩体力学参数（主要是变形模量）的影响进行了敏感性分析，采用的变形模量值 E_r 分别为 3.0 GPa、1.5 GPa、0.5 GPa。凡是图名中注明了线弹性字样的，都是线弹性计算结果；未注明的就是非线性计算结果。计算结果如下。

5.1.5 结构计算结果及分析

5.1.5.1 线性计算结果

从图 5-23 ~ 图 5-30 可以看出,由于高速公路隧道的开挖,围岩产生应力释放,特别是高速公路隧道底板下的围岩,应力释放后产生向上(Z 向)的变形,最大 Z 向位移达 2.31 mm(见图 5-29)。由于围岩变形的带动作用,尾水洞衬砌内出现很大的拉应力,其中两腰部位最大 Z 向拉应力达 3.04 MPa(见图 5-26),其他部位也相应出现一定的拉应力,远远大于高速公路隧道开挖前的应力值。

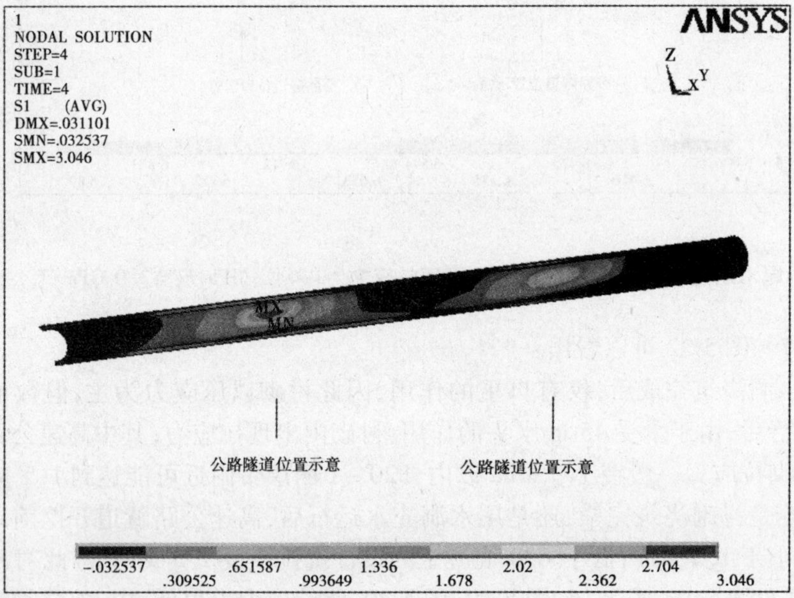

图 5-23 公路隧道开挖后衬砌第一主应力云图 (单位:MPa,线弹性,有公路隧道)

尾水洞充水运行后,衬砌内拉应力进一步提高,一般增加 1.0 MPa 以上,其中高速公路隧道正下方的尾水洞衬砌应力提高最多,由 3.04 MPa 增加为 4.41 MPa,增值为 1.37 MPa,如图 5-31 ~ 图 5-34 所示。从线弹性计算的衬砌拉应力来看,高速公路隧道开挖产生的衬砌拉应力大于由于内水压力作用产生的拉应力,表明高速公路隧道开挖对尾水洞衬砌应力的影响是显著的,不容忽视。

5.1.5.2 开裂非线性计算结果

根据钢筋混凝土非线性有限元的计算结果,高速公路隧道开挖后,高速公路隧道正下方的尾水洞衬砌均出现裂缝,如图 5-35、图 5-36 所示;内层最大钢筋应力为 32.0 MPa,外层最大钢筋应力为 20.1 MPa,如图 5-37、图 5-38 所示。

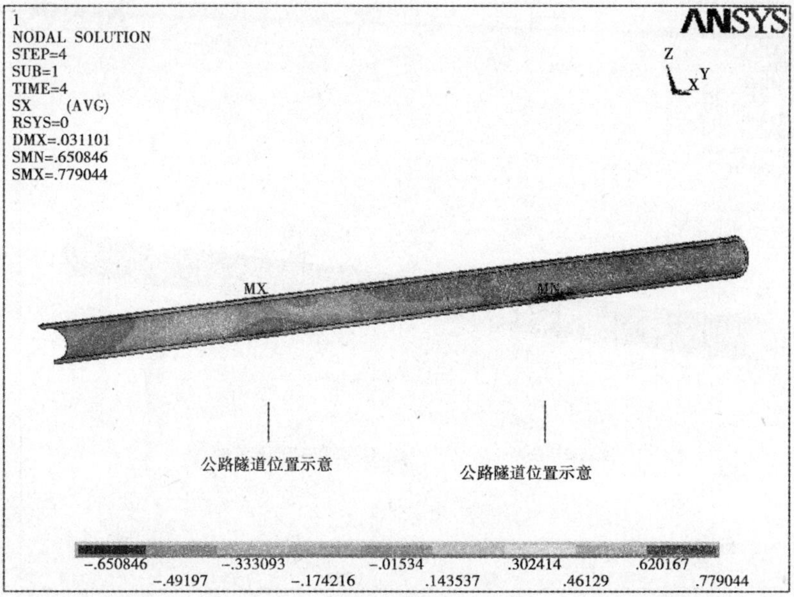

图 5-24　公路隧道开挖后衬砌 X 向应力云图　(单位:MPa,线弹性,有公路隧道)

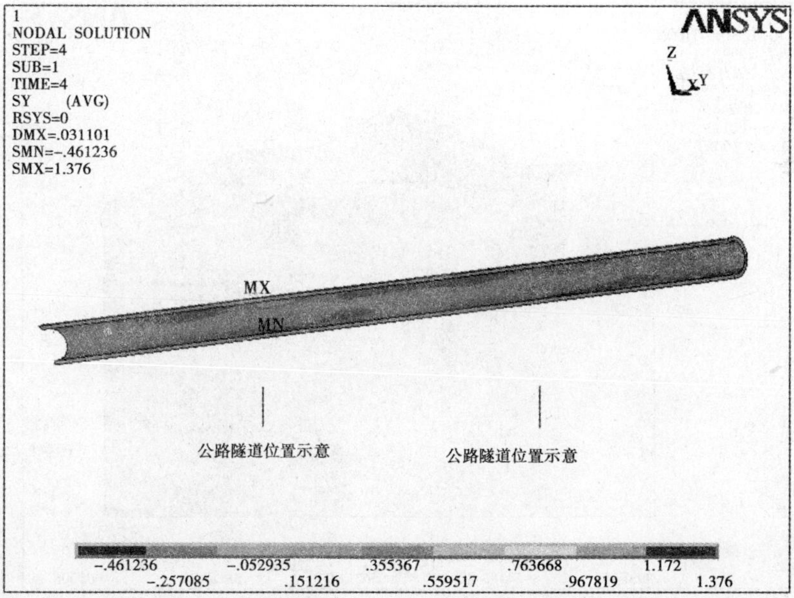

图 5-25　公路隧道开挖后衬砌 Y 向应力云图　(单位:MPa,线弹性,有公路隧道)

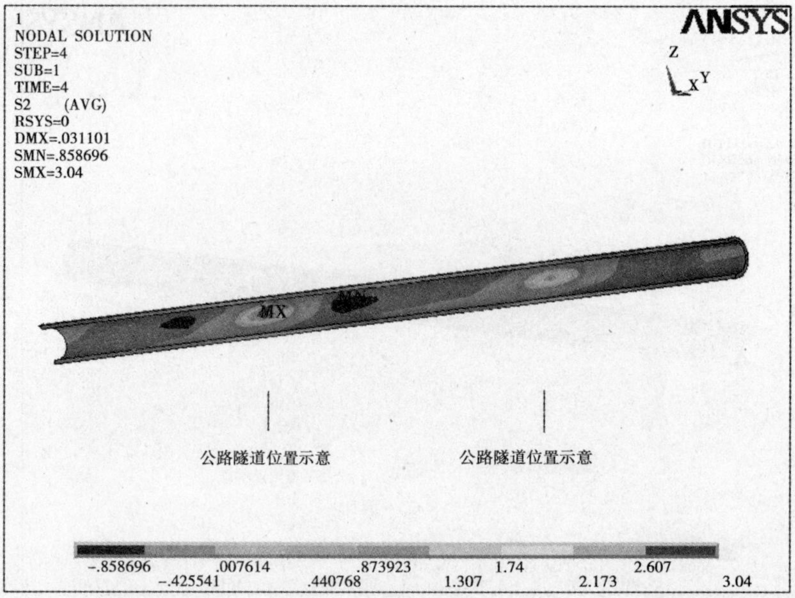

图 5-26 公路隧道开挖后衬砌 Z 向应力云图 （单位:MPa,线弹性,有公路隧道）

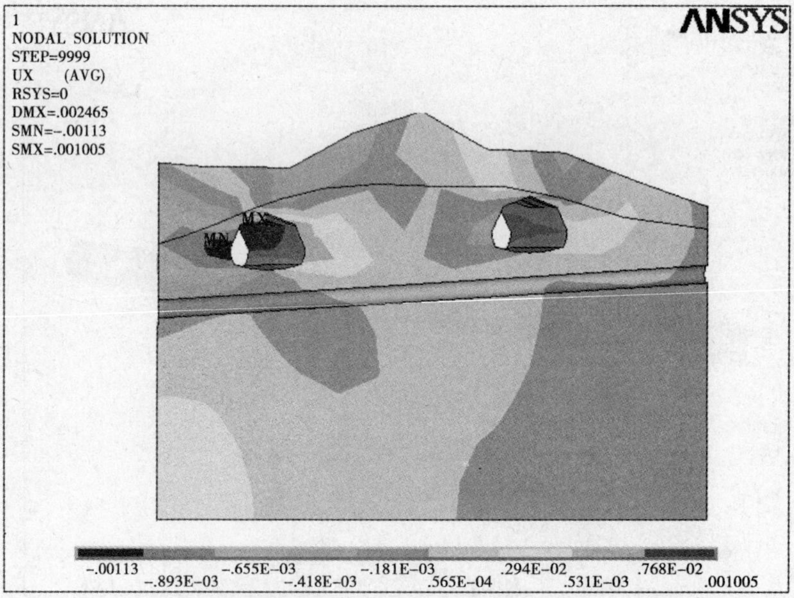

图 5-27 公路隧道开挖后围岩与衬砌 X 向位移云图 （单位:m,线弹性,有公路隧道）

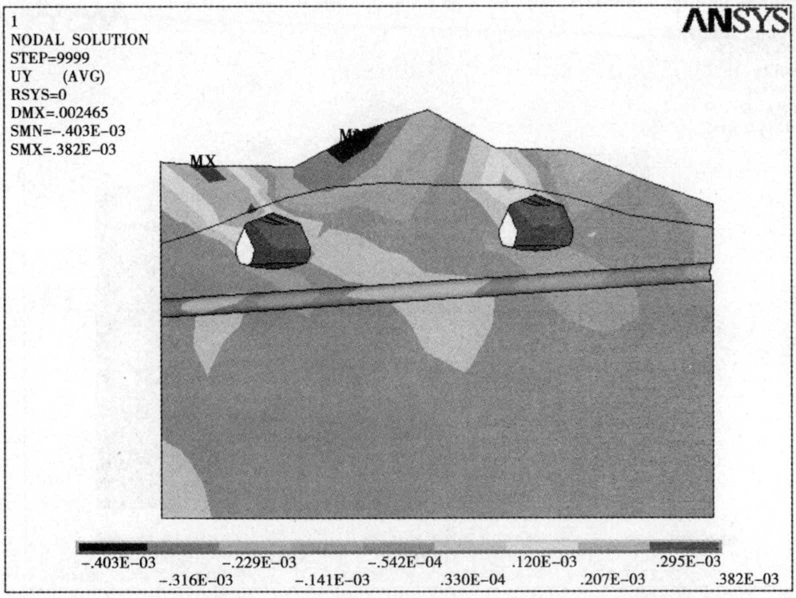

图 5-28　公路隧道开挖后围岩与衬砌 *Y* 向位移云图　（单位:m,线弹性,有公路隧道）

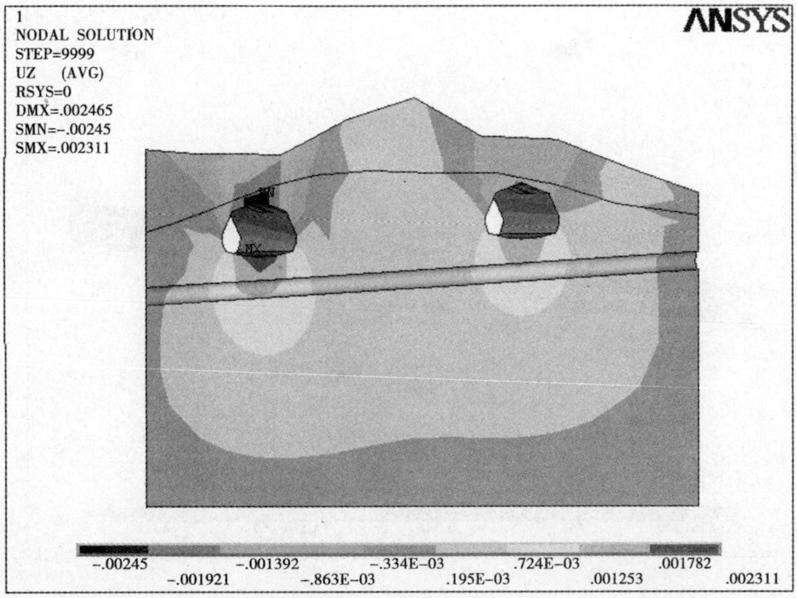

图 5-29　公路隧道开挖后围岩与衬砌 *Z* 向位移云图　（单位:m,线弹性,有公路隧道）

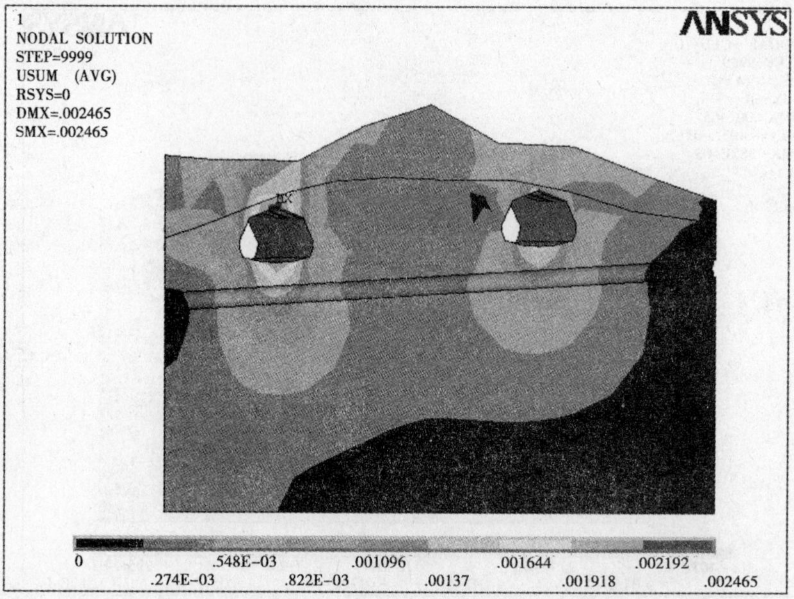

图 5-30 公路隧道开挖后围岩与衬砌合位移云图 (单位:m,线弹性,有公路隧道)

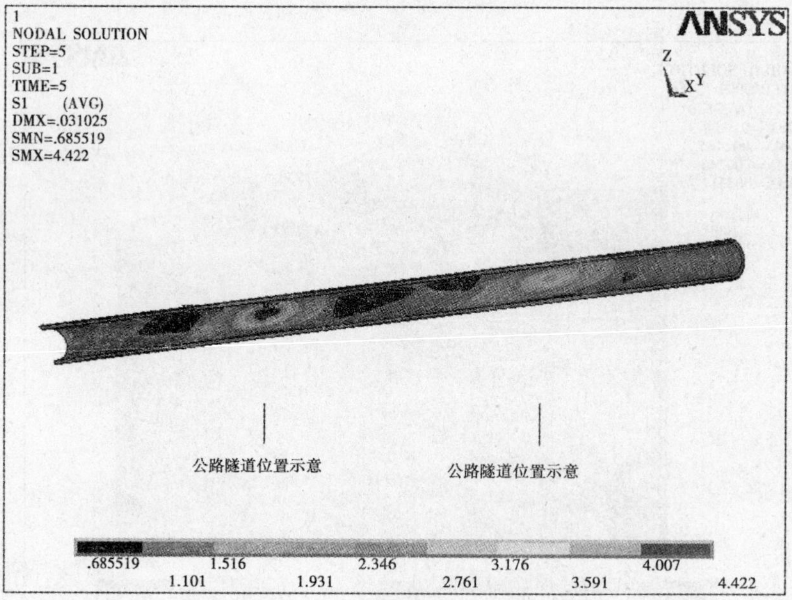

图 5-31 尾水洞过水情况下衬砌第一主应力云图 (单位:MPa,线弹性,有公路隧道)

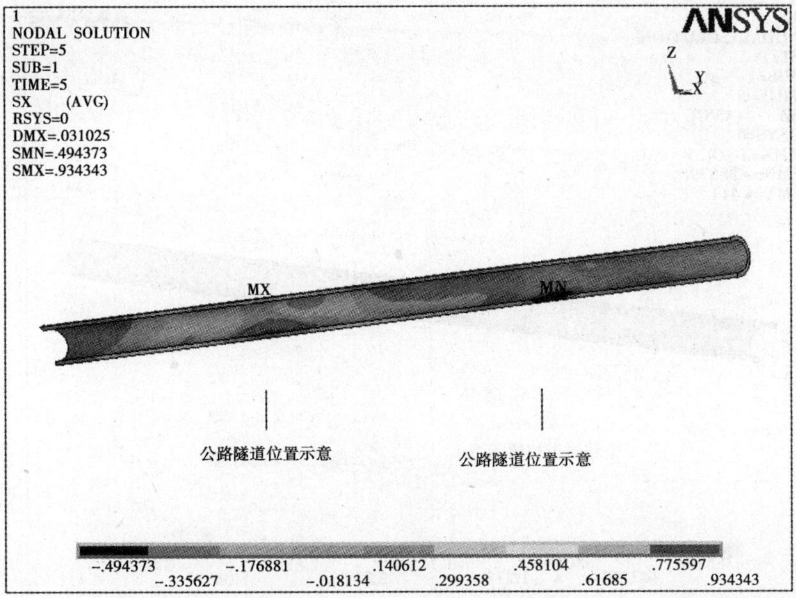

图 5-32　尾水洞过水情况下衬砌 X 向应力云图　（单位：MPa，线弹性，有公路隧道）

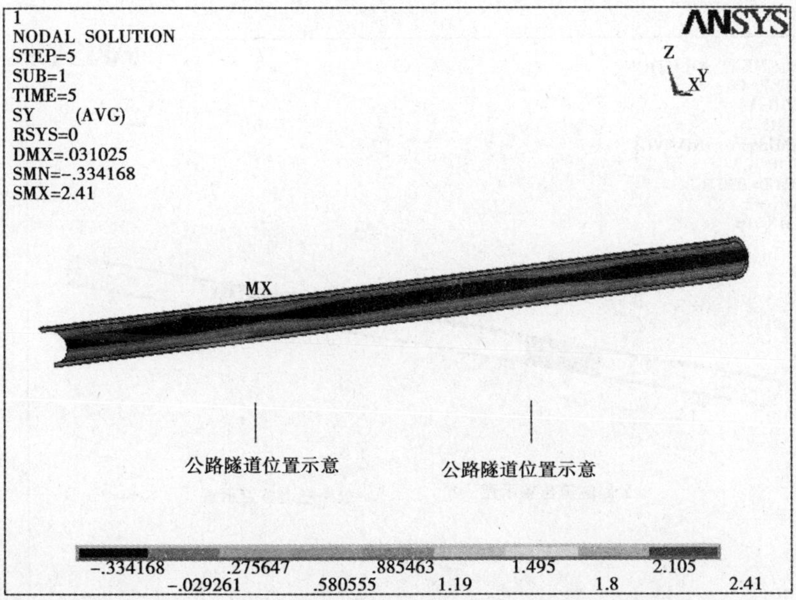

图 5-33　尾水洞过水情况下衬砌 Y 向应力云图　（单位：MPa，线弹性，有公路隧道）

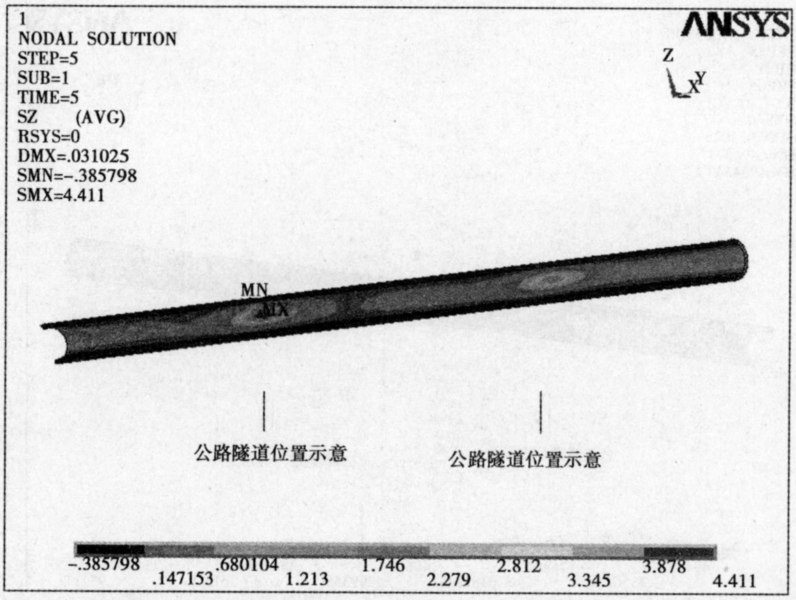

图 5-34 尾水洞过水情况下衬砌 Z 向应力云图 （单位:MPa,线弹性,有公路隧道）

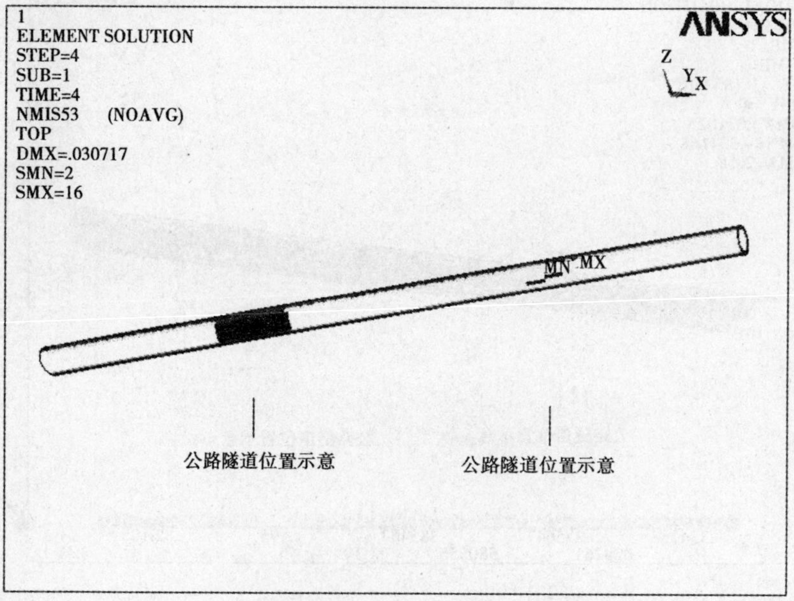

图 5-35 公路隧道开挖后衬砌外表面开裂区示意图(E_r =3.0 GPa,有公路隧道)

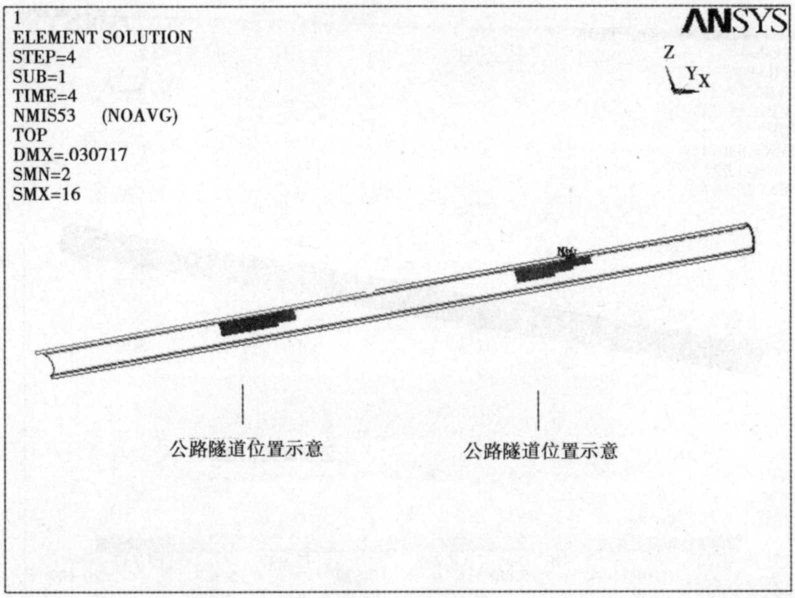

图 5-36　公路隧道开挖后衬砌内表面开裂区示意图(E_r = 3.0 GPa,有公路隧道)

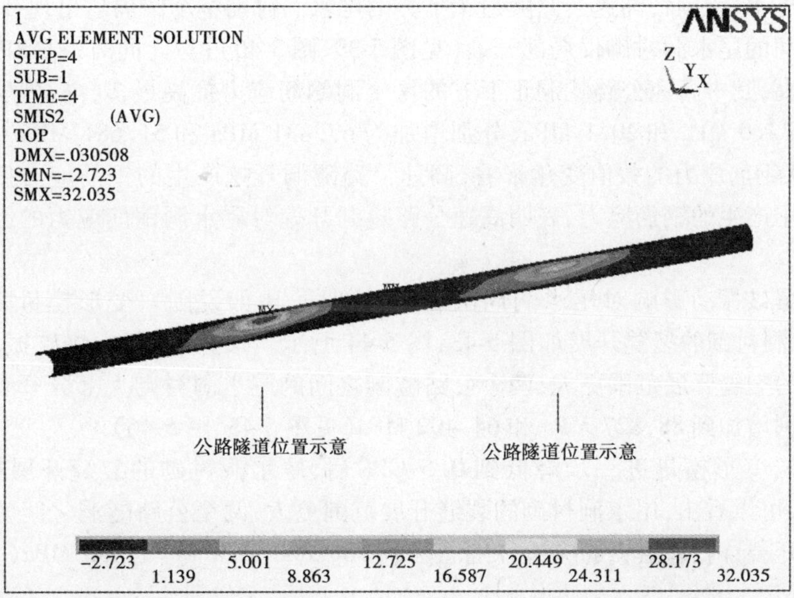

图 5-37　公路隧道开挖后衬砌内层钢筋环向应力　(单位:MPa,E_r = 3.0 GPa,有公路隧道)

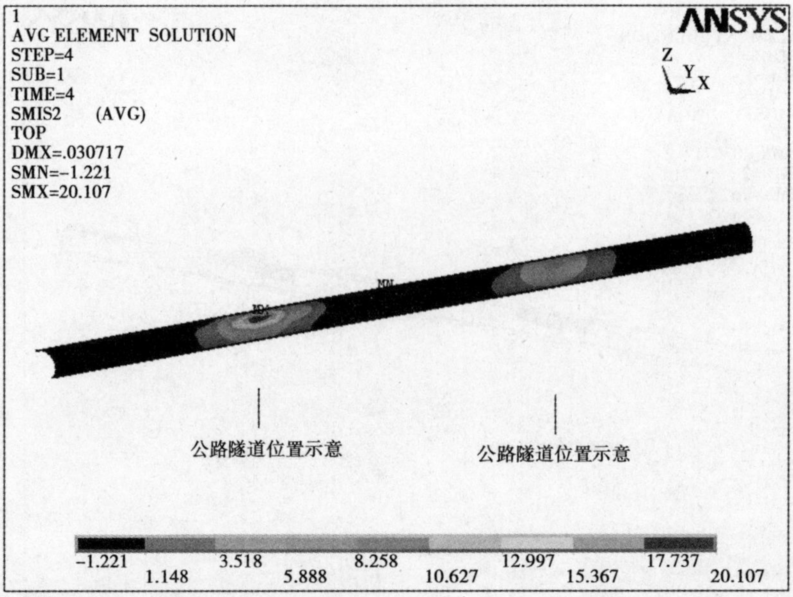

图 5-38 公路隧道开挖后衬砌外层钢筋环向应力 （单位：MPa，E_r =3.0 GPa，有公路隧道）

尾水洞充水运行后，高速公路隧道正下方的尾水洞衬砌整个圆周均出现裂缝，但两个公路隧道之间的尾水洞衬砌仅局部开裂（见图 5-39、图 5-40）；与此同时，衬砌内钢筋拉应力进一步提高，其中高速公路隧洞正下方的尾水洞钢筋应力提高最多，内、外层钢筋应力由充水前的 32.0 MPa 和 20.1 MPa，分别增加为 67.831 MPa 和 51.681 MPa（见图 5-41、图 5-42）。从钢筋应力的数值变化来看，高速公路隧洞开挖产生的钢筋应力接近于由于内水压力作用产生的钢筋应力，表明高速公路隧洞开挖对尾水洞钢筋应力的影响也是比较显著的。

考虑到爆破振动影响对尾水洞周围岩体的削弱，比如说围岩变形模量降低到 1.5 GPa 后，尾水洞衬砌的裂缝开展如图 5-43、图 5-44 所示。很显然，考虑爆破振动影响后，尾水洞衬砌的裂缝开展范围更大，两个公路隧洞之间的尾水洞衬砌大部分开裂；内、外层钢筋应力分别增加到 88.827 MPa 和 64.402 MPa（见图 5-45、图 5-46）。

如果围岩变形模量进一步降低到 0.5 GPa 后，尾水洞衬砌的裂缝开展如图 5-47、图 5-48所示，可以看出，尾水洞衬砌的裂缝开展范围更大，两个公路隧洞之间整个尾水洞段衬砌全部开裂；内、外层钢筋应力分别增加到 106.868 MPa 和 79.053 MPa（见图 5-49、图 5-50）。

以上计算结果表明，考虑高速公路隧洞的影响后，尾水洞原衬砌配筋方案强度上仍然可以满足结构要求，但根据《水工混凝土结构设计规范》（DL/T 5057—1996）计算得到的最大裂缝宽度为 0.27 mm，超过了规范规定的 0.25 mm，应该采取相应的防渗措施，比如采用钢板防渗。

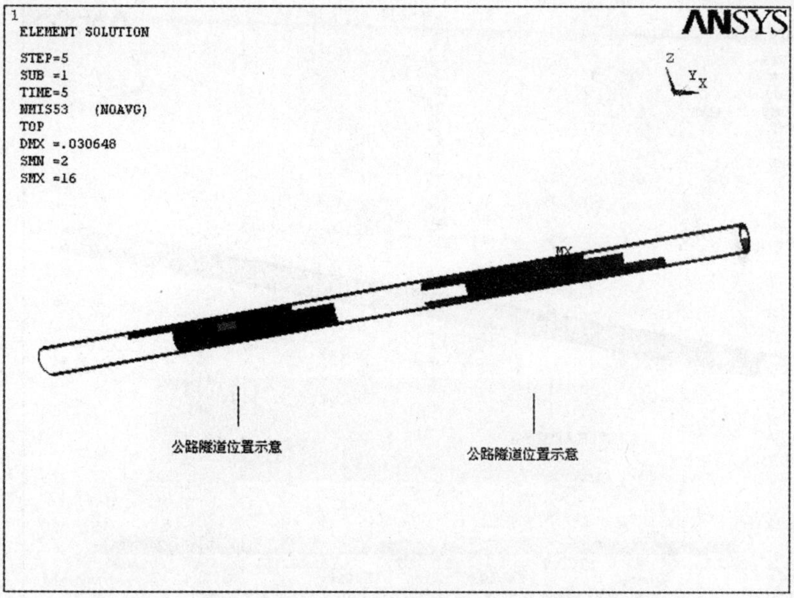

图 5-39 尾水洞过水情况下衬砌外表面开裂区示意图(E_r = 3.0 GPa,有公路隧道)

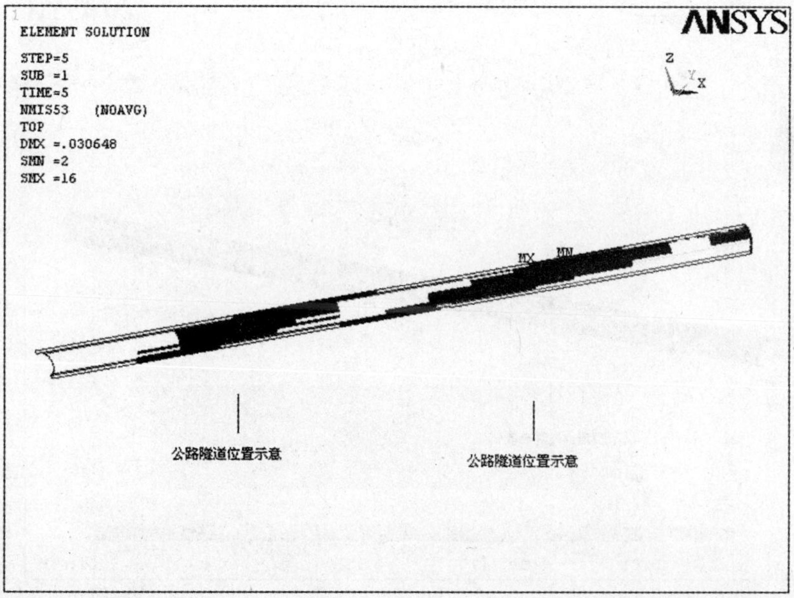

图 5-40 尾水洞过水情况下衬砌内表面开裂区示意图(E_r = 3.0 GPa,有公路隧道)

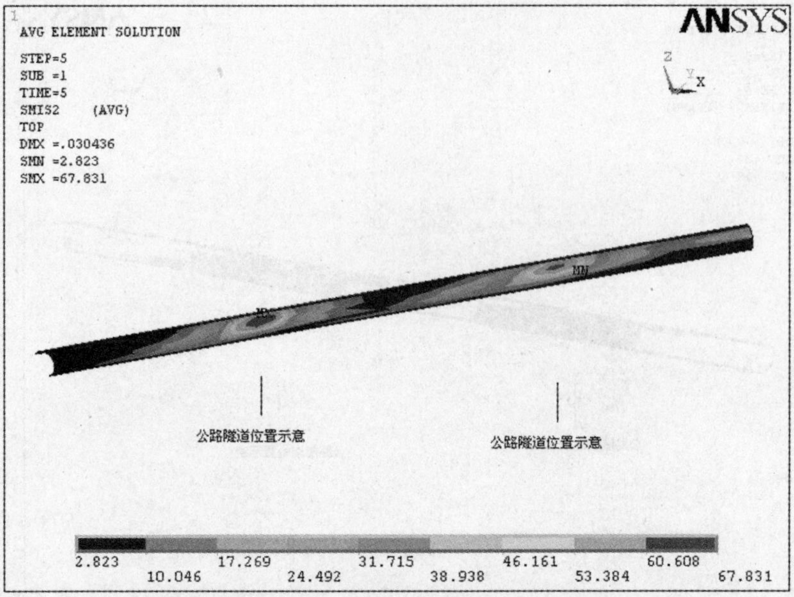

图 5-41　尾水洞过水情况下衬砌内层钢筋环向应力　（单位：MPa，$E_r = 3.0$ GPa，有公路隧道）

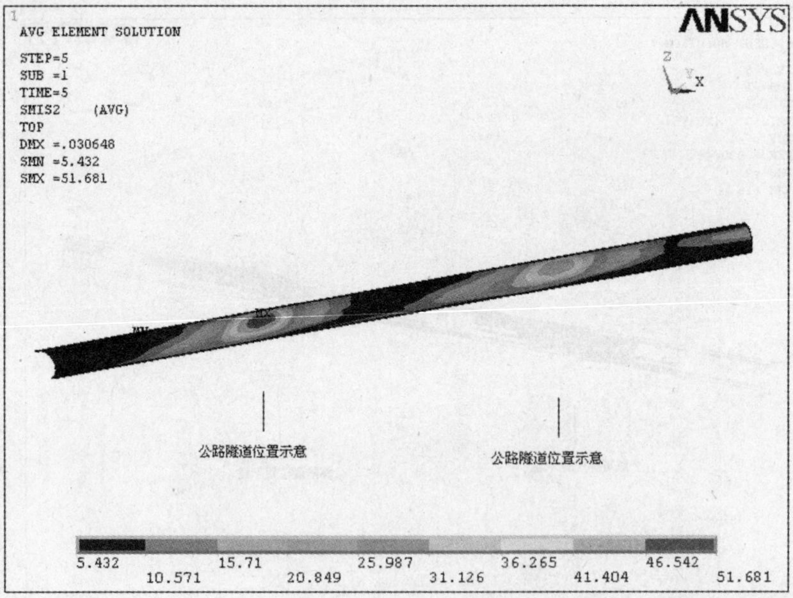

图 5-42　尾水洞过水情况下衬砌外层钢筋环向应力　（单位：MPa，$E_r = 3.0$ GPa，有公路隧道）

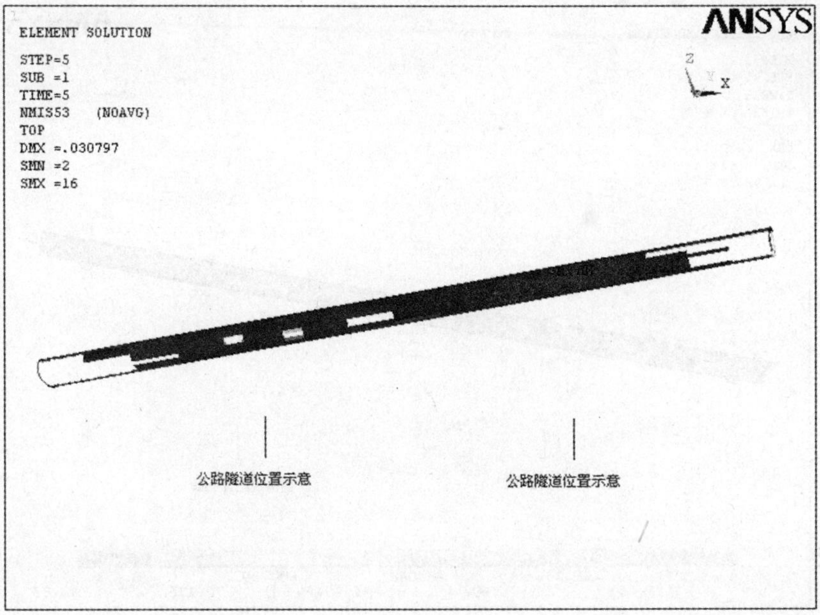

图 5-43　尾水洞过水情况下衬砌外表面开裂区示意图($E_r=1.5$ GPa,有公路隧道)

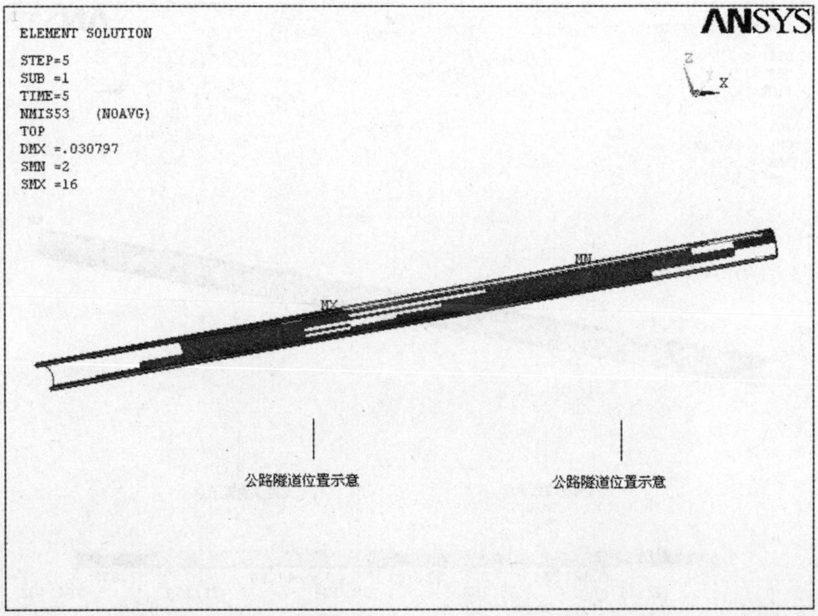

图 5-44　尾水洞过水情况下衬砌内表面开裂区示意图($E_r=1.5$ GPa,有公路隧道)

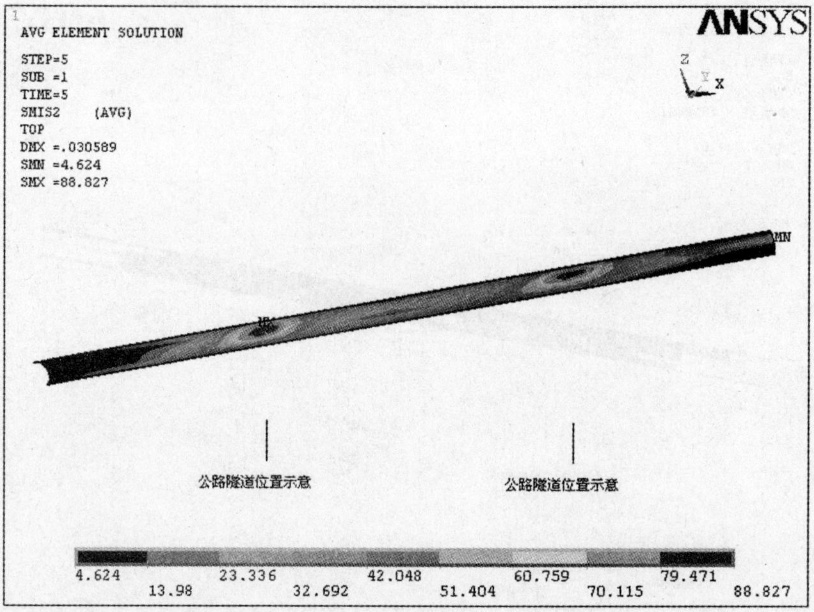

图 5-45　尾水洞过水情况下衬砌内层钢筋环向应力　（单位：MPa，E_r = 1.5 GPa，有公路隧道）

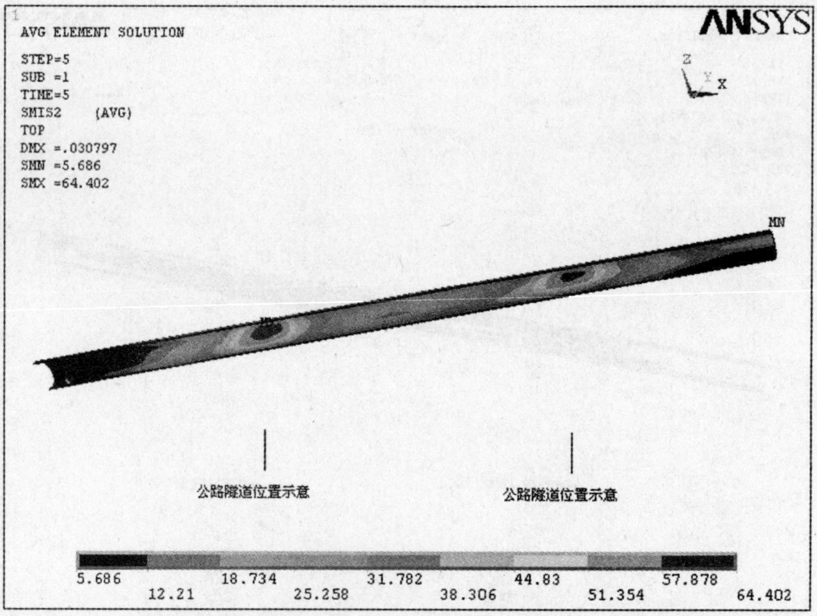

图 5-46　尾水洞过水情况下衬砌外层钢筋环向应力　（单位：MPa，E_r = 1.5 GPa，有公路隧道）

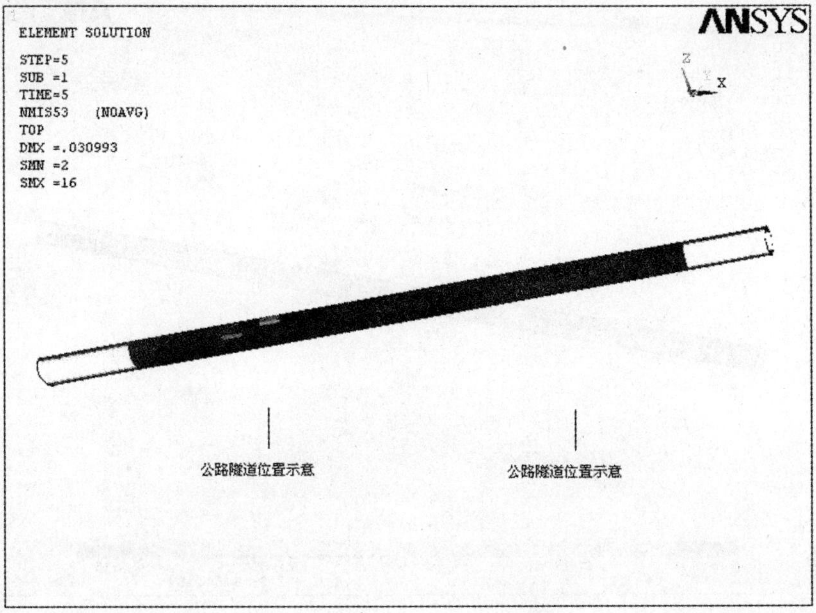

图 5-47　尾水洞过水情况下衬砌外表面开裂区示意图($E_r=0.5$ GPa,有公路隧道)

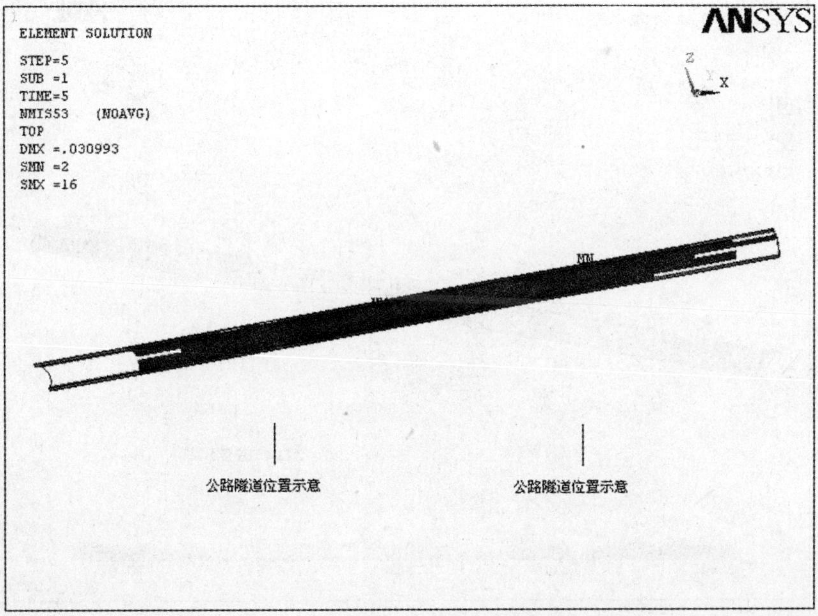

图 5-48　尾水洞过水情况下衬砌内表面开裂区示意图($E_r=0.5$ GPa,有公路隧道)

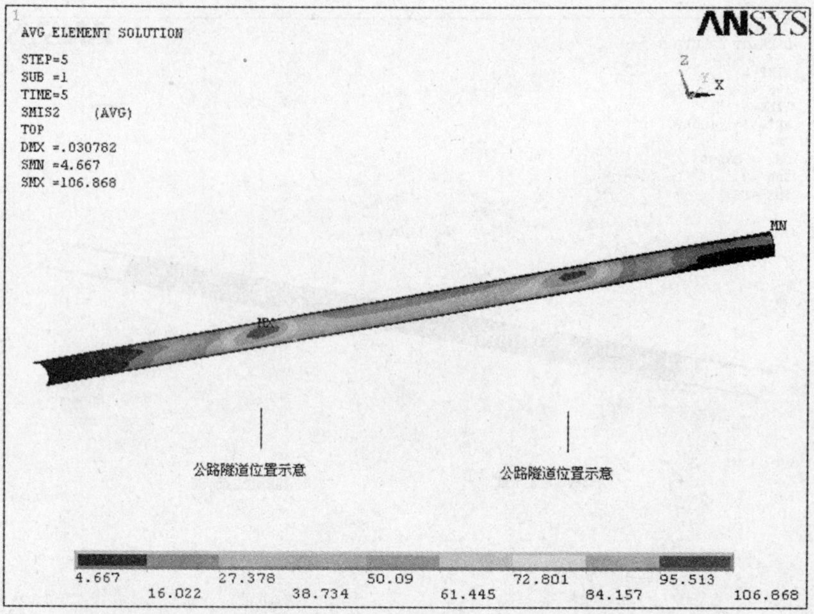

图 5-49　尾水洞过水情况下衬砌内层钢筋环向应力（单位：MPa，E_r = 0.5 GPa，有公路隧道）

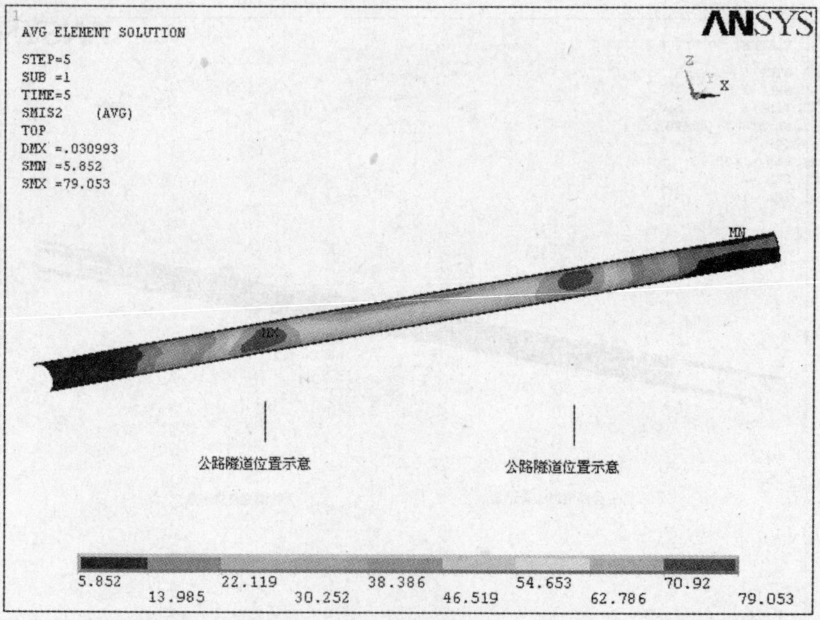

图 5-50　尾水洞过水情况下衬砌外层钢筋环向应力（单位：MPa，E_r = 0.5 GPa，有公路隧道）

5.2 有限柱壳元法局部稳定性分析

5.2.1 研究概述

5.2.1.1 问题的提出

为了保证加固后满足电站正常运行工况和改善尾水洞结构受力,保证电站安全稳定运行,需对尾水洞受高速公路影响部位进行加固。工程加固处理措施,即在尾水洞受高速公路开挖影响的范围内,采用粘钢技术对原有的钢筋混凝土结构进行钢衬加固处理,钢衬处理总长度为 80 m,尾水洞内径 3.2 m,原衬砌厚度为 0.4 m,钢板采用 6 mm 厚 Q235 钢。在尾水洞加固段,内衬 6 mm 厚 Q235 钢板并使钢板与原尾水洞衬砌紧密结合,共同工作,在洞径基本不变的情况下达到加固尾水洞的目的,并保证一定的安全储备。尾水洞内衬钢板横剖面及加固示意图见图 5-51。

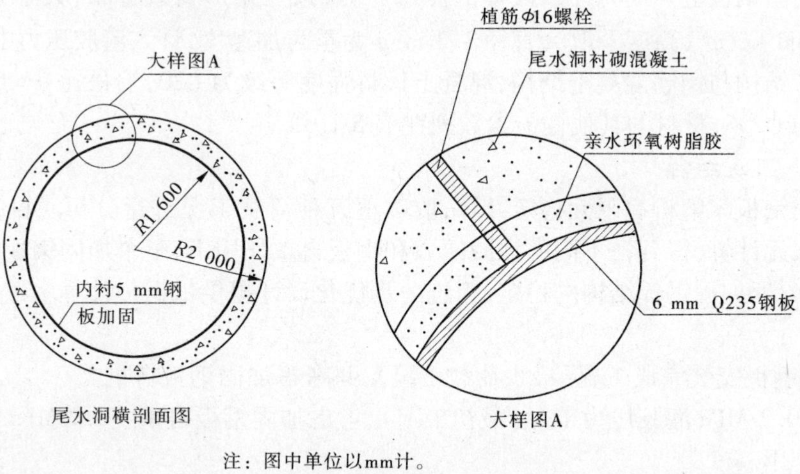

图 5-51 尾水洞横剖面及加固示意图

鉴于加固工程的复杂性,故采用半解析有限柱壳元法对整个加固过程进行稳定分析,为优化设计提供依据。尾水洞加固段施工过程包括钢板卷制、逐段安装钢板、焊接钢管结构,并采用灌胶技术将亲水型环氧树脂胶通过钻孔注入钢板与混凝土之间,使其粘结成整体。在灌注亲水环氧树脂胶的过程中,在钢管结构与混凝土之间的灌注压力作用下,钢管承受外压,结构稳定性问题将引起人们的关注。

5.2.1.2 工程计算各种材料性能参数

钢板板厚取为 6 mm,自重按体积力计算,为 Q235 钢板,钢板的半径为 1.6 m,钢板的长度取为 1.25 m。

Q235 钢板各个物理参数根据设计手册选取,密度取为 7 800 kg/m^3,弹性模量 $E=1.96\times10^{11}$ Pa,泊松比 $\mu=0.3$,钢管结构材料的性能参数见表 5-1。

表 5-1　钢管、螺栓和混凝土的强度指标参数　（单位:MPa）

材料	抗拉强度		抗压强度		弹性模量(GPa)
	标准值	设计值	标准值	设计值	
螺栓ϕ16	500	500	500	500	
C20 混凝土	1.5	1.1	13.5	10.0	25.5
Q235	225	205	225	205	196

在施工期,钢衬与钢筋混凝土之间依靠ϕ16 自锁式锚杆植筋螺栓在钢筋混凝土由锚固剂加固连接。其中ϕ16 自锁式锚杆材料强度指标参数见表 5-1。加固钢板植筋ϕ16 螺栓,植筋深度 12 cm,不计螺栓的自重。螺栓的承载力为 0.153 MN,螺栓的强度极限值为 500 MPa。

灌胶压力按面压力计算,具体取灌胶压力 0.2 ~0.4 MPa 进行计算,按均布面压荷载作用在加固钢板上。同时计入液体的静水压力,按三角形荷载分布,大小为 $\rho_{灌胶}gh$,$\rho_{灌胶}$ 取为 1 500 kg/m^3,高度 h 取为直径 3.2 m,g 为重力加速度,计入灌胶压力中。

钢管结构与钢筋混凝土结构,混凝土材料强度等级为 C30,泊松比 $\mu=0.167$,钢管材料拟采用 Q235,材料的其他性能参数列在表 5-1 中。

5.2.1.3　工况组合

加固钢板半解析有限元稳定计算,取以下五种荷载工况进行分析。目的在于通过半解析有限元计算,得到在不同的灌胶压力和钢板自重作用下,整个加固钢板的应力分布规律,从而验证加固钢板结构的稳定,为进一步优化设计提供依据。计算中考虑的五种荷载工况如下:

(1)钢板安装完成工况(最少荷载工况),只考虑加固钢板自重。

(2)0.2 MPa 灌胶压力工况(最初工况),考虑加固钢板自重 +0.2 MPa 灌胶压力 + 静水压力作用。

(3)0.3 MPa 灌胶压力工况(中间工况),考虑加固钢板自重 +0.3 MPa 灌胶压力 + 静水压力作用。

(4)0.4 MPa 灌胶压力工况(最大工况),考虑加固钢板自重 +0.4 MPa 灌胶压力 + 静水压力作用。

(5)施工过程中局部形成的 0.6 MPa 灌胶压力作用,形成了加固钢板结构极端工况 0.6 MPa 灌胶压力工况,考虑加固钢板自重 +0.6 MPa 灌胶压力 + 静水压力作用。

整个荷载作用方式如图 5-52 所示。

在施工期钢衬与钢筋混凝土之间依靠ϕ16 自锁式锚杆植筋螺栓加固,其中植筋的位置和编号如图 5-53 所示。植筋编号为 1 ~9,从上到下依次分布。

5.2.1.4　稳定性分析的研究思路

尾水洞加固段钢板经卷制、逐段安装、焊接而成的钢管结构,在采用灌胶技术将亲水型环氧树脂胶通过钻孔注入钢板与混凝土之间,使其粘结成整体。在灌注亲水型环氧树脂胶的过程中,在钢管结构与混凝土之间的灌注压力作用下,内衬钢管结构稳定性分析问

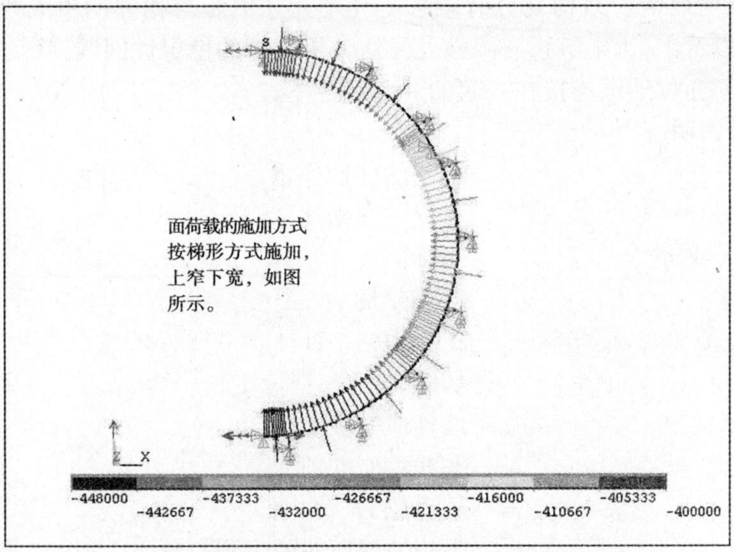

图 5-52　回龙电站尾水管施加灌胶压力面荷载示意图　（单位:Pa）

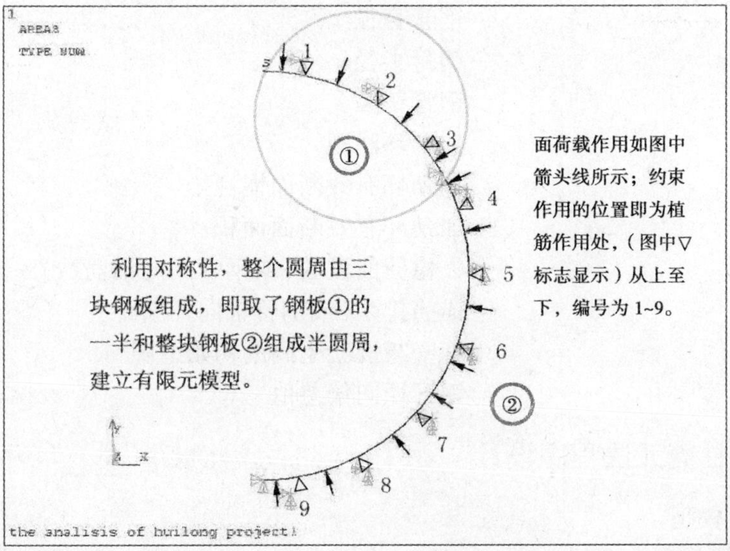

图 5-53　钢板内衬植筋位置示意图

题，将采用半解析有限柱壳元法进行分析。

鉴于加固工程的复杂性，把锚杆植筋螺栓间的管壁结构离散为有限柱壳元，钢管稳定性分析按埋藏式压力钢管的稳定问题分析。在问题的分析过程中，圆柱壳元的位移模式取为半解析型函数，沿轴向采用离散型的 Hermite 插值多项式，周向采用 Amstutz 公式推导过程中钢衬管壁失稳屈曲的位移表达式。采用半解析有限柱壳元法分析钢管结构的稳定性问题，首先要把钢管结构划分有限柱壳元单元。单元与相邻的单元是靠“结圆”相连。从这里可以看出，用半解析有限柱壳元法分析结构的稳定性问题，就是把结构看成由有限个圆柱壳元通过结圆连接在一起的一个组合体。

5.2.1.5 符号说明

E	材料的弹性模量
μ	材料的泊松比
x(或ξ)，y(或η)，z	坐标值
U,V,W	位移分量
σ_x(或σ_ξ)，σ_y(或σ_η)	正应力
τ_{xy}($\tau_{\xi\eta}$)	切应力
ε^l	线性应变项
ε^N	非线性应变项
P_{cr}	临界压力
θ	失稳波形所对的半圆心角
σ_s	钢材屈服点
σ_e	钢材的弹性极限
H	作用水头
D	钢管直径
R	钢管半径
t	钢管壁厚
L	加劲环间距
J_R	加劲环有效断面惯性矩
A_R	加劲环有效断面面积
n	失稳屈曲波数(或钢管周向锚筋数)
l	锚筋排距(或钢管轴向环间距)
Δ	管壁与混凝土间的初始缝隙
μ_0	钢管径向偏差值

5.2.2 有限柱壳元法程序设计

5.2.2.1 程序模型

1. 圆柱壳结构计算模型

对于埋藏式植筋钢管的局部稳定性问题，可采用如图 5-54 所示的计算模型。假设植筋间的管壁划分 n(n 为偶数)个单元，则结点数为 $n+1$ 个。加劲环不发生失稳，把加劲环对管壁的约束看成固定端约束。可知，结构的零位移有 $W_1=W_{n+1}=0$，$\theta_1=\theta_{1+n}=0$，由问题的对称性可知 $\theta_{1+\frac{n}{2}}=0$。引入以上约束条件，就能得到圆柱壳结构的整体弹性刚度矩阵$[K_E]$和当量刚度矩阵$[K_G]^*$，从而求出临界荷载。

2. 计算步骤

由第 3 章可知，可以把加固粘钢钢管的局部稳定性问题转化为数学上的矩阵的特征

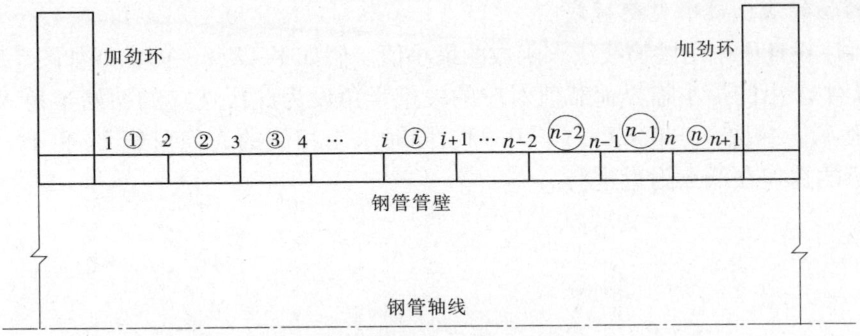

图 5-54　加固贴钢钢管计算模型

值问题,在求解过程中,将采用如下步骤进行:

(1)首先给出一个初始的迭代值 ε_1,把 ε_1 代入式(3-11),这样就可以确定失稳半角 θ_1,然后通过方程(3-12)解出 a 值,代入式(3-9)后求得 b、c 的值,至此,积分常数 a、b、c 的值就确定了,再求得 A_1、A_2、A_3、A_4,就可以计算出结构的整体刚度矩阵$[K_E]$和$[K_G]^*$。

(2)引入约束条件,在整体刚度矩阵中划掉位移为零的行和列,由此得到正定的刚度矩阵$[K_E]$和$[K_G]^*$。

(3)对$[K_E]$求逆,并作内积$(-[K_E]^{-1}[K_G]^*)$,就可以得到矩阵$[A]$。

(4)用幂法求特征方程式$|[A]-\lambda[I]|=0$ 的特征根 $\lambda_{\max}$及相应的特征向量$\{\delta\}$,其迭代公式为

$$[A]\{\delta\}_k = \lambda_{k+1}\{\delta\}_{k+1} \quad (k = 1,2,3\cdots) \tag{5-1}$$

式中,k 为迭代次数。当$\{\delta\}_k=\{\delta\}_{k+1}$时迭代结束,这时得到的 λ_{k+1} 就是当失稳半角为 θ_1 时所对应的 $\lambda_{1\max}$,其倒数 $1/\lambda_{1\max}=q_{1\min}$ 为失稳半角为 θ_1 时所对应的临界失稳荷载。

至此,就完成了一个特定的失稳半角 θ_1 的计算,但由此求得的 $q_{1\min}$ 不一定是结构的失稳荷载。要想得到结构的失稳荷载 $q_{\min}$,必须设 $\theta_2,\theta_3,\cdots$,对于每一个失稳半角,重复上面的计算,都能得出相应的 $q_{2\min},q_{3\min},\cdots$。然后,从中找出绝对值最小的值,即可得到结构的实际失稳荷载 $q_{\min}$。

3. 确定失稳半角的迭代范围

按照弹性失稳屈曲计算方式,计算出一组失稳半角所对应的失稳临界荷载,通过比较,选择最小的失稳临界荷载对应的失稳半角作为初始迭代失稳半角,也就是在进行迭代的时候,让失稳半角在此值范围内进行迭代运算。这样做的目的是防止程序在运行时收敛于其他非最小临界荷载范围内。

如果给定一个失稳半角 θ 计算出相应的失稳临界荷载 q 值,给定一组失稳半角 θ 可以计算出一组相应的失稳临界荷载 q 值,将所得的 q、θ 值绘于坐标系中,如图 5-55 所示,从中选出最小的临界荷载$(q_{i\min})_{\min}$对应的失稳半角作为程序运算时的初始迭代角度。

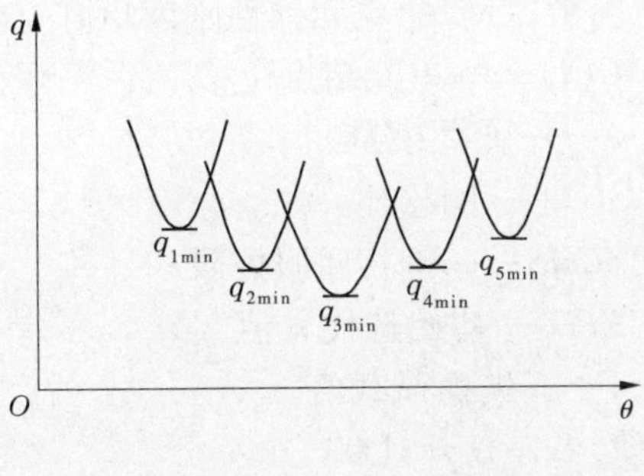

图 5-55　q 与 θ 关系曲线

4. 抛物线法求最小失稳荷载

在程序设计中采用抛物线法求函数的最小值。假如 $Y \sim X(q \sim \theta)$ 曲线如图 5-56 所示，将 5.2.1 中求出的最小临界荷载值对应的失稳半角设为此次迭代的初始半角 X_3，相应的荷载值为 Y_3。并取 $X_1 = 0.8X_3$，$X_2 = 0.9X_3$，同时求出相应的失稳荷载 Y_1 和 Y_2，这样就保证了以后的迭代在低点附近进行。

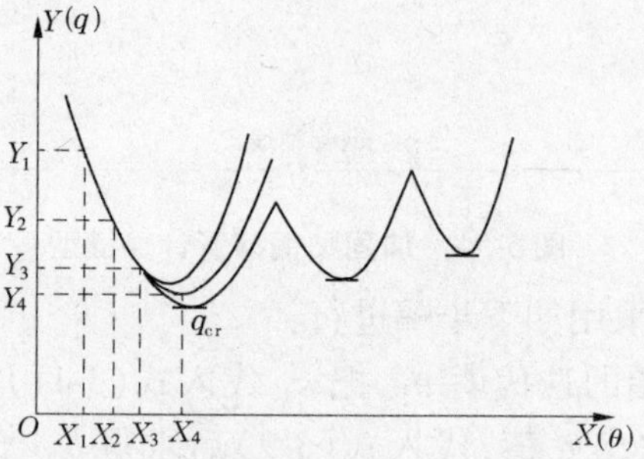

图 5-56　抛物线法求最小失稳荷载

过以上三点(X_1, Y_1)、(X_2, Y_2)、(X_3, Y_3)作抛物线，其抛物线最低点对应的值在 X 轴（角度）方向上的坐标为 X_4

$$X_4 = \frac{Y_1(X_2{}^2 - X_3{}^2) + Y_2(X_3{}^2 - X_1^2) + Y_3(X_1{}^2 - X_2^2)}{2(Y_1E_2 + Y_2E_3 + Y_3E_1)} \tag{5-2}$$

其中，$E_1 = X_1 - X_2$，$E_2 = X_2 - X_3$，$E_3 = X_3 - X_1$。

求出 X_4，经过比较后，将其代入原函数中求出对应的 Y_4 值。Y_1、Y_2、Y_3 去掉荷载最大的一点，过其余三点（包括(X_4, Y_4)在内）再作抛物线，求其最低点，依次反复，直到满足所需要的精度，此时的最低点即为所要寻找的临界失稳荷载值 $q_{\min}$。

5.2.2.2　**程序设计**

1. 程序中的符号说明

T——压力钢管壁厚

R——压力钢管半径

ES——结构单元总数

$IN(I)$——单元前结点编号

$MNTS(I)$——约束作用位置

$B(I)$——单元宽度

$A_1(I,J)$——单元弹性刚度矩阵

$C(I)$——单元结点位移

E——弹性模量

MU——泊松比

$SGMS$——钢材屈服极限

EP——初始迭代 ε 值

Y——失稳荷载值

L——压力钢管植筋间距

SIT——压力钢管失稳半角

NS——结构结点总数

$JN(I)$——单元后结点编号

MNT——约束数目

$T(I)$——单元厚度

$A_2(I,J)$——单元几何刚度矩阵

$B_2A(I)$——失稳位移向量

PAI——π 值

DET——初始缝隙

NOC——迭代波数

X_3——初始迭代半角

CRT——最小临界失稳荷载

2. 程序设计过程

(1)给定初始数据，从而求出对应的失稳半角 SIT，然后根据计算模型的元素结点编

号 $IN(I)$、$JN(I)$ 和几何参数 $B(I)$、$T(I)$，形成结构的整体弹性刚度矩阵 A_1 和几何刚度矩阵 A_2。

(2)根据边界条件和约束条件，确定位移为零的序号 $MNTS(I)$，划掉矩阵 A_1、A_2 中位移为零的 $MNTS(I)$ 行和列。

(3)求结构弹性刚度矩阵 A_1 的逆矩阵 A_1^{-1}。

(4)作内积 $-A_1^{-1} \cdot A_2$。

(5)求特征方程 $|-A_1^{-1} \cdot A_2 - \lambda I| = 0$ 的最大特征根 λ_{max}，从而确定最小失稳荷载 $q_{min} = \dfrac{1}{\lambda_{max}}$。

(6)计算结构失稳位形向量 $B_2A(I)$。

通过上面 6 步的计算，对于给定的失稳半角 θ，都可以求出相应的失稳荷载 q，这样就可以得到 $q \sim \theta$ 曲线(见图 5-55)，该曲线的最低点 q_{cr} 就是所求的临界失稳荷载值。还可以求出临界失稳荷载 q_{cr} 所对应的失稳位形，从而绘出结构失稳波形图。

3. 程序设计框图及说明

加固贴钢钢板局部稳定性计算程序的框图如图 5-57 所示，下面对此框图作一下简要说明。

(1)第 2、5、11、12 框，通过给定的初始数据，对于每一个 SIT(失稳半角 θ)，程序进行迭代，求出相应的 Y 值(失稳荷载 q)。

(2)第 5 框到第 9 框，寻找 Y_{min}(最小失稳荷载 q_{min})存在的区域，保证以后各框的抛物线迭代都在此区域内进行。

(3)第 2 框到第 11 框，给出了确定抛物线的三个点 (X_1, Y_1)、(X_2, Y_2)、(X_3, Y_3)，过这三个点可以得到一条抛物线。

(4)第 12 框，求上述三个点所确定的抛物线的顶点横坐标 X_4(即此时所对应的失稳半角 θ)，并由 X_4 计算出 Y_4，从而得到第 4 点 (X_4, Y_4)。

(5)第 13 框到第 19 框，对上两步得到的 4 个点 (X_1, Y_1)、(X_2, Y_2)、(X_3, Y_3)、(X_4, Y_4) 进行比较，去掉 Y 值最大点，剩下的三个点又可以确定一条新的抛物线，继续进行上述迭代，从而完成抛物线迭代的全部过程。

(6)第 20 框到第 23 框，计算结果输出部分，将得到失稳临界荷载值 q_{cr} 及 q_{cr} 所对应的失稳位形。

4. 程序的适用范围

本书的程序设计以加固贴钢钢管壁的局部稳定性分析为基础，其适用范围如下：

(1)本书在公式推导过程中考虑了加固贴钢钢管初始缝隙的影响，因此本程序可以计算在不同的初始缝隙下，失稳荷载的变化情况。

(2)当植筋间距 L 相对较大时，其环间部分受两端加劲环支持作用的影响很小，此时环间距 L 应取有效长度。

(3)当植筋间 L 的间距相对较小或钢管壁厚 R 相对较大时，破坏模式属于强度破坏，应利用强度理论进行计算。

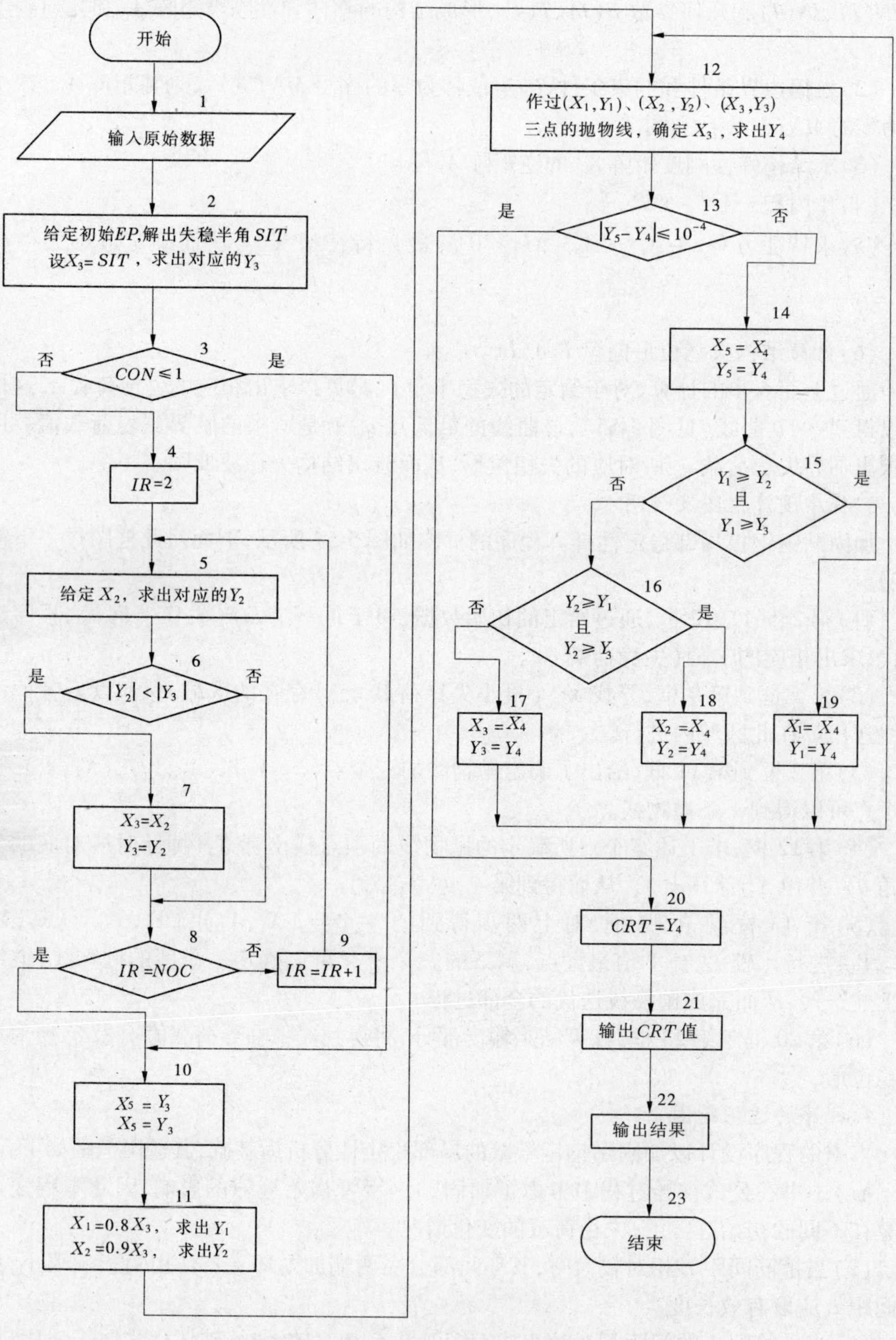

图5-57　加固贴钢钢板局部稳定性计算程序设计框图

(4)本书只考虑了压力钢管的临界压应力小于材料的比例极限的情况，亦即管道的弹性失稳问题，关于塑性稳定性是进一步研究的内容。

5.2.3 内衬钢板局部外压稳定计算

5.2.3.1 半解析有限元法

1. 半解析有限元法计算模型

加固贴钢钢板植筋布置如图 5-58 所示，其中植筋的轴向间距为 425 mm，周向间距为 590 mm。由此给出加固贴钢植筋钢板局部稳定性的计算模型，如图 5-59 所示。

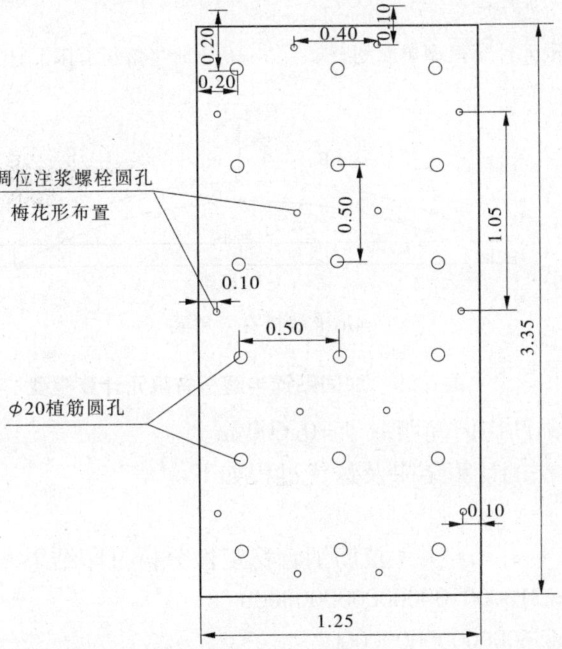

图 5-58 加固贴钢钢板孔位布置

在图 5-59(a)、(b)所示贴钢植筋钢板的半解析有限元计算模型中，则沿周向共划分成 n 个单元，结线数为 $n+1$ 条，其中 n 为奇数，$\frac{n+1}{2}$为对称面向上的结线。图 5-59(c)给出了计算模型中的一个单元。在半解析有限元计算过程中，单元的宽度 B 是变化的，整个计算过程的结束有待于收敛于钢管失稳的圆心角 2α。贴钢植筋钢管的半解析有限元计算模型周向边界约束条件是由 $-\alpha$、α 圆心角处的零位移，即有 $\theta_1=\theta_{1+n}=0$，以及根据问题的对称性引入 $\theta_{1+\frac{n}{2}}=0$。计算模型轴向边界条件半解析有限元函数中反映出来。当计算模型引入以上约束条件后，就能得到圆柱壳结构的整体弹性刚度矩阵$[K_E]$和当量几何刚度矩阵$[K_G]^*$，由此可以进行每一次的迭代，直至最终收敛于钢管失稳迭代的过程。

2. 内衬钢管计算步骤

采用半解析有限元法计算了在各种壁厚下加固贴钢钢板的失稳临界应力。钢管半径 $R=1.6$ m，壁厚 t 分别取 4 mm、6 mm、8 mm，计算结果列在表 5-3 中。计算时锚筋轴向间

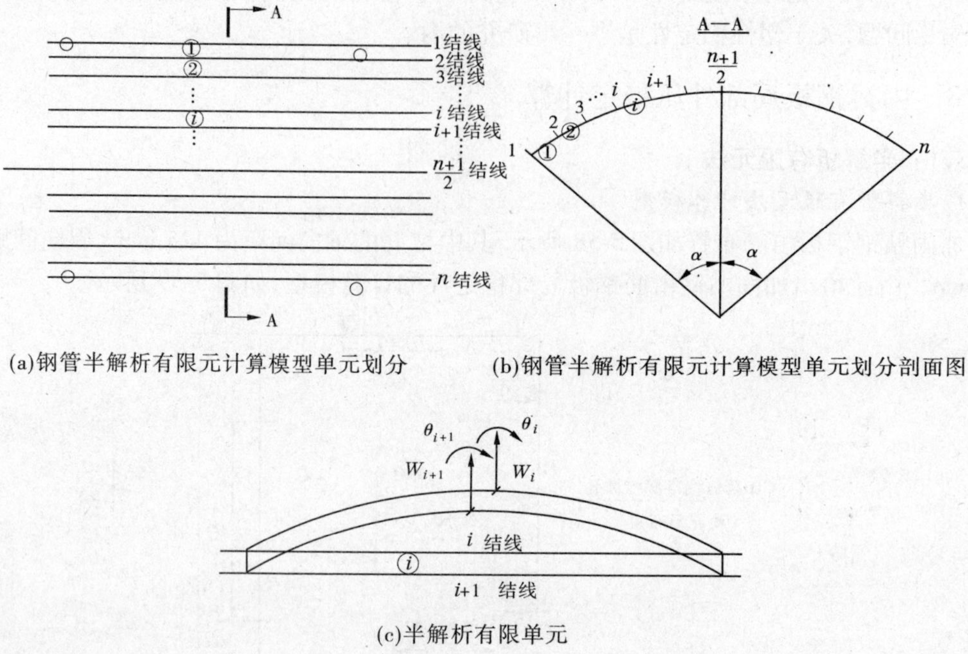

(a)钢管半解析有限元计算模型单元划分

(b)钢管半解析有限元计算模型单元划分剖面图

(c)半解析有限单元

图 5-59　加固贴钢半解析有限元计算模型

距取 $L=0.425$ m，锚筋周向间距取 $S=0.600$ m。

半解析有限元法的计算结果及迭代过程如下：

＊＊＊＊＊＊＊＊＊＊＊＊＊植筋钢管稳定性分析打印结果＊＊＊＊＊＊＊＊＊＊＊＊

弹性模量 Tm = 210000.000000000000000

钢管半径 R = 1.600000000000000

sgmas = 300.000000000000000

泊松比 Mu = 3.000000000000000E－001

单元个数 ES = 20

结点个数 NS = 21

约束个数 MNT = 3

约束结点号：1　22　41

植筋间距 SL = 4.250000000000000E－001

钢管厚度 T = 6.000000000000000E－003

叠代角度值：SIT = 25.83293 度

最小特征根是：1.34336 MPa

特征向量如下：

－1.00000　.02116　－.98769　.04180　－.95106　.06142　－.89101　.07952

－.80902　.09566　－.70711　.10945　－.58779　.12054　－.45399　.12866

-.30902	.13362	-.15643	.13528	.13362	.15643	.12866	.30902
.12054	.45399	.10945	.58779	.09566	.70711	.07952	.80902
.06142	.89101	.04180	.95106	.02116	.98769	1.00000	

叠代角度值：SIT = 32.35477 度

最小特征根是：1.84130 MPa

特征向量如下：

1.00000	-.02116	.98769	-.04180	.95106	-.06142	.89101	-.07952
.80902	-.09566	.70711	-.10945	.58779	-.12054	.45399	-.12866
.30902	-.13362	.15643	-.13528	-.13362	-.15643	-.12866	-.30902
-.12054	-.45399	-.10945	-.58779	-.09566	-.70711	-.07952	-.80902
-.06142	-.89101	-.04180	-.95106	-.02116	-.98769	-1.00000	

叠代角度值：SIT = 28.72667 度

最小特征根是：1.54817 MPa

特征向量如下：

1.00000	-.02116	.98769	-.04180	.95106	-.06142	.89101	-.07952
.80902	-.09566	.70711	-.10945	.58779	-.12054	.45399	-.12866
.30902	-.13362	.15643	-.13528	-.13362	-.15643	-.12866	-.30902
-.12054	-.45399	-.10945	-.58779	-.09566	-.70711	-.07952	-.80902
-.06142	-.89101	-.04180	-.95106	-.02116	-.98769	-1.00000	

ep1 = .80000001D+01　　ep2 = .89999998D+01　　ep3 = .10000000D+02

Y1 = .18413008D+01　　Y2 = .15481677D+01　　Y3 = .13433585D+01

叠代角度值:SIT = 21.83605 度

最小特征根是：1.10622 MPa

特征向量如下：

1.00000	-.02116	.98769	-.04180	.95106	-.06142	.89101	-.07952
.80902	-.09566	.70711	-.10945	.58779	-.12054	.45399	-.12866
.30902	-.13362	.15643	-.13528	-.13362	-.15643	-.12866	-.30902
-.12054	-.45399	-.10945	-.58779	-.09566	-.70711	-.07952	-.80902
-.06142	-.89101	-.04180	-.95106	-.02116	-.98769	-1.00000	

ep1 = .11818840D+02　　ep2 = .89999998D+01　　ep3 = .10000000D+02

Y1 = .11062163D+01　　Y2 = .15481677D+01　　Y3 = .13433585D+01

叠代角度值:SIT = 19.28021 度
最小特征根是: .98593 MPa
特征向量如下:

1.00000	-.02116	.98769	-.04180	.95106	-.06142	.89101	-.07952
.80902	-.09566	.70711	-.10945	.58779	-.12054	.45399	-.12866
.30902	-.13362	.15643	-.13528	-.13362	-.15643	-.12866	-.30902
-.12054	-.45399	-.10945	-.58779	-.09566	-.70711	-.07952	-.80902
-.06142	-.89101	-.04180	-.95106	-.02116	-.98769	-1.00000	

ep1 = .11818840D+02 ep2 = .13378401D+02 ep3 = .10000000D+02
Y1 = .11062163D+01 Y2 = .98592764D+00 Y3 = .13433585D+01

叠代角度值:SIT = 17.13733 度
最小特征根是: .90763 MPa
特征向量如下:

1.00000	-.02116	.98769	-.04180	.95106	-.06142	.89101	-.07952
.80902	-.09566	.70711	-.10945	.58779	-.12054	.45399	-.12866
.30902	-.13362	.15643	-.13528	-.13362	-.15643	-.12866	-.30902
-.12054	-.45399	-.10945	-.58779	-.09566	-.70711	-.07952	-.80902
-.06142	-.89101	-.04180	-.95106	-.02116	-.98769	-1.00000	

ep1 = .11818840D+02 ep2 = .13378401D+02 ep3 = .15045279D+02
Y1 = .11062163D+01 Y2 = .98592764D+00 Y3 = .90763446D+00

叠代角度值:SIT = 15.41253 度
最小特征根是: .86300 MPa
特征向量如下:

1.00000	-.02116	.98769	-.04180	.95106	-.06142	.89101	-.07952
.80902	-.09566	.70711	-.10945	.58779	-.12054	.45399	-.12866
.30902	-.13362	.15643	-.13528	-.13362	-.15643	-.12866	-.30902
-.12054	-.45399	-.10945	-.58779	-.09566	-.70711	-.07952	-.80902
-.06142	-.89101	-.04180	-.95106	-.02116	-.98769	-1.00000	

叠代角度值: SIT = 14.26539 度
最小特征根是: .84465 MPa
特征向量如下:

-1.00000	.02116	-.98769	.04180	-.95106	.06142	-.89101	.07952
-.80902	.09566	-.70711	.10945	-.58779	.12054	-.45399	.12866
-.30902	.13362	-.15643	.13528	.13362	.15643	.12866	.30902
.12054	.45399	.10945	.58779	.09566	.70711	.07952	.80902
.06142	.89101	.04180	.95106	.02116	.98769	1.00000	

叠代角度值:SIT = 13.56599 度

最小特征根是: .83888 MPa

特征向量如下:

-1.00000	.02116	-.98769	.04180	-.95106	.06142	-.89101	.07952
-.80902	.09566	-.70711	.10945	-.58779	.12054	-.45399	.12866
-.30902	.13362	-.15643	.13528	.13362	.15643	.12866	.30902
.12054	.45399	.10945	.58779	.09566	.70711	.07952	.80902
.06142	.89101	.04180	.95106	.02116	.98769	1.00000	

ep1 = .16724217D+02　　ep2 = .18065957D+02　　ep3 = .18995479D+02

Y1 = .86300442D+00　　Y2 = .84465489D+00　　Y3 = .83888253D+00

叠代角度值:SIT = 13.23115 度

最小特征根是: .83779 MPa

特征向量如下:

1.00000	-.02116	.98769	-.04180	.95106	-.06142	.89101	-.07952
.80902	-.09566	.70711	-.10945	.58779	-.12054	.45399	-.12866
.30902	-.13362	.15643	-.13528	-.13362	-.15643	-.12866	-.30902
-.12054	-.45399	-.10945	-.58779	-.09566	-.70711	-.07952	-.80902
-.06142	-.89101	-.04180	-.95106	-.02116	-.98769	-1.00000	

ep1 = .19475322D+02　　ep2 = .18065957D+02　　ep3 = .18995479D+02

Y1 = .83779063D+00　　Y2 = .84465489D+00　　Y3 = .83888253D+00

叠代角度值:SIT = 13.11803 度

最小特征根是: .83769 MPa

特征向量如下:

1.00000	-.02116	.98769	-.04180	.95106	-.06142	.89101	-.07952
.80902	-.09566	.70711	-.10945	.58779	-.12054	.45399	-.12866

.30902	-.13362	.15643	-.13528	-.13362	-.15643	-.12866	-.30902
-.12054	-.45399	-.10945	-.58779	-.09566	-.70711	-.07952	-.80902
-.06142	-.89101	-.04180	-.95106	-.02116	-.98769	-1.00000	

ep1 = .19475322D+02　　ep2 = .19642959D+02　　ep3 = .18995479D+02
Y1 = .83779063D+00　　Y2 = .83768701D+00　　Y3 = .83888253D+00

叠代角度值:SIT = 13.09339 度
最小特征根是：.83768 MPa
特征向量如下：

1.00000	-.02116	.98769	-.04180	.95106	-.06142	.89101	-.07952
.80902	-.09566	.70711	-.10945	.58779	-.12054	.45399	-.12866
.30902	-.13362	.15643	-.13528	-.13362	-.15643	-.12866	-.30902
-.12054	-.45399	-.10945	-.58779	-.09566	-.70711	-.07952	-.80902
-.06142	-.89101	-.04180	-.95106	-.02116	-.98769	-1.00000	

ep5 = .19642959D+02　　Y5 = .83768701D+00
ep4 = .19679870D+02　　Y4 = .83768284D+00

* * * * * * * * * * * * * * 失 稳 波 形 * * * * * * * * * * * * * *

.000000	1.000000	-.021163	.987688	-.041804	.951057
-.061417	.891007	-.079517	.809017	-.095659	.707107
-.109445	.587785	-.120537	.453990	-.128661	.309017
-.133616	.156434	-.135282	.000000	-.133616	-.156434
-.128661	-.309017	-.120537	-.453990	-.109445	-.587785
-.095659	-.707107	-.079517	-.809017	-.061417	-.891007
-.041804	-.951057	-.021163	-.987688	.000000	-1.000000

CRT = .8377 MPa

* * * * * * * * * * * * 打印结果结束 * * * * * * * * * * * *

5.2.3.2　外压稳定计算的经验公式法

管壁临界外压 P_{cr} 经验公式为

$$P_{cr} = 138\sigma_s^{0.4} n^{0.64}\left(\frac{t}{r}\right)^{1.8}\left(1+\frac{nl}{2\pi r}\right)^{-0.43} \tag{5-3}$$

式中 n——管周的锚筋数；

l——管轴向锚筋排距。

此公式的适用条件为 $8 \leqslant n \leqslant 64$ 和 $0.5 \leqslant \frac{nl}{2\pi r} \leqslant 6$。

加固植筋贴钢钢管半径 $R = 1.6$ m，壁厚 t 分别取 4 mm、6 mm、8 mm，在各种壁厚下钢管的计算失稳临界应力，采用经验公式计算结果列在表 5-5 中。

5.2.3.3 稳定计算的 Mises 法

目前钢管的失稳屈曲计算，采用 Mises 公式只能对典型的简支边界条件进行计算，把植筋对管壳的支持作用，一概作为"简支"的边界处理。

钢管外压稳定性分析的计算模型，采用解析的简支挠度函数 $W = C\sin(n\varphi)\cos\frac{\pi x}{L}$ 的表达式，屈曲时壳的母线呈正弦曲线的半个波，在两端处，即当 $x = -\frac{L}{2}$，$x = \frac{L}{2}$ 时，位移 W 与偏导数 $\frac{\partial^2 W}{\partial x^2}$ 均为零，这表明了简支的边界条件。

采用 Mises 公式计算结果列在表 5-5 中，在各种壁厚下钢管的计算失稳临界应力。

5.2.4 内衬钢管局部外压稳定计算结果分析

为了保证岭龙尾水洞加固植筋贴钢技术施工安全，以及植筋贴钢钢管在施工及运行过程中受到灌胶及外水压力作用下的稳定性，以给出合理的贴钢钢板壁厚度，在设计中采用半解析有限元法进行了计算。此次计算贴钢钢板壁厚 t 分别取 4 mm、6 mm、8 mm，锚杆间距分别取 0.4 m、0.5 m、0.6 m，通过计算给出推荐的锚杆间距。

在方案的选择中，根据贴钢钢板施工技术需要，对贴钢钢板壁厚及锚杆间距进行了分析，为贴钢钢板壁厚及锚杆间距设计提供理论支撑。另外，本计算又不局限于某一工程的施工方案及背景条件，因而给出了多方案比选，于是提出了三种变量，即钢板厚度、锚杆间距（可考虑纵横向等间距）、灌胶压力综合考虑。采用半解析有限元法、Mises 公式与经验公式等方法进行计算，计算结果分别列在表 5-2 ~ 表 5-5 中。其中表 5-2 给出了锚杆间距取 0.4 m 时的半解析有限元法计算结果，表 5-3 给出了锚杆间距取 0.5 m 时的半解析有限元法计算结果，表 5-4 给出了锚杆间距取 0.6 m 时的半解析有限元法计算结果。另外，为了进行方案比选，在表 5-5 给出了锚杆间距 0.5 m 时的半解析有限元法、Mises 公式与经验公式计算结果，通过比选，得到该分析的推荐间距。

表 5-2 锚杆间距取 0.4 m 时半解析有限元法计算结果

钢板壁厚 t(mm)	4	6	8
钢板失稳临界压力 q_{cr}(MPa) （失稳波形所对应的半角）	0.280 (12.33°)	0.946 (12.33°)	2.242 (12.33°)

表 5-3　锚杆间距取 0.5 m 时半解析有限元法计算结果

钢板壁厚 t(mm)	4	6	8
钢板失稳临界压力 q_{cr}(MPa) (失稳波形所对应的半角)	0.179 (15.44°)	0.604 (15.44°)	1.432 (15.44°)

表 5-4　锚杆间距取 0.6 m 时半解析有限元法计算结果

钢板壁厚 t(mm)	4	6	8
钢板失稳临界压力 q_{cr}(MPa) (失稳波形所对应的半角)	0.124 (18.54°)	0.418 (18.54°)	0.991 (18.54°)

表 5-5　锚杆间距取 0.5 m 时半解析有限元法、Mises 公式与经验公式计算结果

钢板壁厚 t(mm)		4	6	8
钢板失稳临界压力 q_{cr}(MPa)	半解析有限元法 (失稳波形所对应的半角)	0.179 (15.44°)	0.604 (15.44°)	1.432 (15.44°)
	经验公式	0.141	0.294	0.493
	Mises 公式 (失稳波形数)	0.222 (20)	0.621 (18)	1.296 (17)

由表 5-2 ~ 表 5-5 中的计算结果可以看出，随着钢板壁厚 t 的增加钢板失稳临界压力 q_{cr}也在增加，而且压力值增加得很大。如表 5-2 中，钢板壁厚 t 的值由 4 mm、6 mm 到 8 mm，所对应的钢板失稳临界压力 q_{cr}的值由 0.280 MPa、0.946 MPa 到 2.242 MPa。另外，从锚杆间距由 0.4 m、0.5 m 变到 0.6 m，所对应的钢板失稳临界压力 q_{cr}的值由 0.946 MPa、0.604 MPa 变到 0.418 MPa。由此看来，随着锚杆间距的增加，钢板失稳临界压力 q_{cr} 在减少。

岭龙尾水洞加固植筋贴钢钢板在施工过程中受到灌胶外压作用下的稳定性，是植筋贴钢技术安全施工的关键，通过对锚杆间距 0.4 m、0.5 m、0.6 m 的计算及各种方案的比选，优选出植筋间距为 0.5 m 时作为推荐间距。由表 5-5 中的半解析有限元法、Mises 公式计算结果可以看出加固植筋贴钢钢板是稳定的，它完全可以保证加固植筋贴钢钢板技术在施工过程中的安全。

第 6 章　材料及工艺试验

6.1　加固材料试验性研究

6.1.1　加固材料试验性研究概况

在加固施工的过程中原材料的性能对加固效果的影响也很大,因为粘结的补强材料与被加固物体必须完全结合,联合变形,共同受力。被粘的补强材料靠粘结变形传递变形和应力,在受到传递过来的变形与应力后,由于应力的滞后,粘结的材料在原有的结构达到近乎满载的情况下时,才承受到力的作用,因此粘结的材料必须具有较好的性能,这样才能保证在加固后,原有的结构能够承受较大的荷载,并在较大荷载的作用下,两者能够共同变形,达到变形相适,从而达到加固的目的。再者加固使用的原材料必须具有较好的耐久性,以满足结构的长期使用。

以环氧树脂为基料的结构胶不宜使用在长期处在潮湿环境尤其是水中的钢筋混凝土构件外部粘钢法加固补强,为此针对水工混凝土结构特点进行了加固材料特别是灌注胶的试验性研究。

6.1.2　Q235 热轧钢板性能分析

Q235 钢板具有较好的力学性能,具有较高的韧性和塑性指标,并具有较好的冷弯性能和焊接性能,因此在各个领域得到了广泛的应用。在本次施工的过程中必须先对钢板进行卷板处理,因此需要钢板具有较好的冷弯性能,在钢板安装完成后,还要对钢板进行焊接处理,对其焊接性能的要求也很高,通过对比分析,结合实际考察,最终选择具有较好性能的 Q235 钢板作为加固处理的原材。

在施工的过程中选择太原钢铁(集团)有限公司热连轧厂生产的 6 mm 厚 Q235A 钢板,其抗拉强度为 465 MPa,屈服强度为 335 MPa,伸长率为 33%,其化学成分见表 6-1。

表 6-1　6 mm 厚 Q235A 钢板化学成分　(%)

序号	C	Si	Mn	P	S
1	0.190	0.190	0.45	0.019	0.028 0
2	0.190	0.190	0.45	0.019	0.028 0

经过实验室试验,对采购的钢板进行了检测,检测结果见表 6-2。

在施工的过程中,钢板通过焊接连接在一起,焊接的质量也影响着工程的质量,因此对 Q235A 钢板的焊接也做了相关的检测,检测结果见表 6-3。

表 6-2　6 mm 厚 Q235A 钢板检测结果

强度等级	试件尺寸		屈服强度（MPa）	极限强度（MPa）	伸长率（%）	冷弯 180°
	厚度（mm）	宽度（mm）				
Q235A	6.0	51.0	335	460	33	合格
结论	根据 GB/T 1591—1994，该试样所检项目合格					

注：根据 GB/T 2975—1998 规定，试样从 6.00 mm × 125 mm 钢板切取。

表 6-3　6 mm 厚 Q235A 钢板焊接检测结果

钢筋品种	试件尺寸		焊接种类	抗拉强度（MPa）	断口距焊口距离（mm）	弯曲 150°
	厚度（mm）	宽度（mm）				
Q235A	6.0	50.8	电弧对焊	455	30	合格
	6.0	49.8		475	45	合格
结论	根据 GB/T 81—2002，该试样所检项目合格					

6.1.3　灌注粘钢胶性能分析

经过广泛的收集信息，并多方调查，在经过对比分析之后，项目组最终选择了武汉长江加固技术有限公司生产的 YZJ－3 包钢灌注型结构胶，该灌注型结构胶对于金属材料、混凝土、岩石、玻璃、陶瓷、木材等有良好的粘结性能，主要适用于湿式包钢灌注。广泛应用于建筑物结构改造，加固补强工程。该胶液在常温下 A 组分呈土黄色膏状，B 组分呈黑色膏状。其技术指标见表 6-4。

表 6-4　YZJ－3 包钢灌注型结构胶检测结果

检验项目		标准指标（MPa）	检测标准
粘结性能	粘结正拉强度（钢－混凝土）	≥max（2.5，f_{tk}）且为混凝土内聚破坏	新规范附录 F GB/T 2568 GB/T 2569 GB 7124
	粘结剪切强度（钢－钢）	≥18	
胶体性能	胶体抗压强度	≥65	
	胶体抗拉强度	≥35	
	胶体抗折强度	≥45	

注：f_{tk} 为被加固构件混凝土抗拉强度标准值，密度 1.5 g/cm^3。

为了检验 YZJ－3 包钢灌注型结构胶的力学性能,项目组将 YZJ－3 包钢灌注型结构胶送武汉理工大学工程结构检测中心进行了力学性能的检验,检测过程及报告见图 6-1～图 6-3。

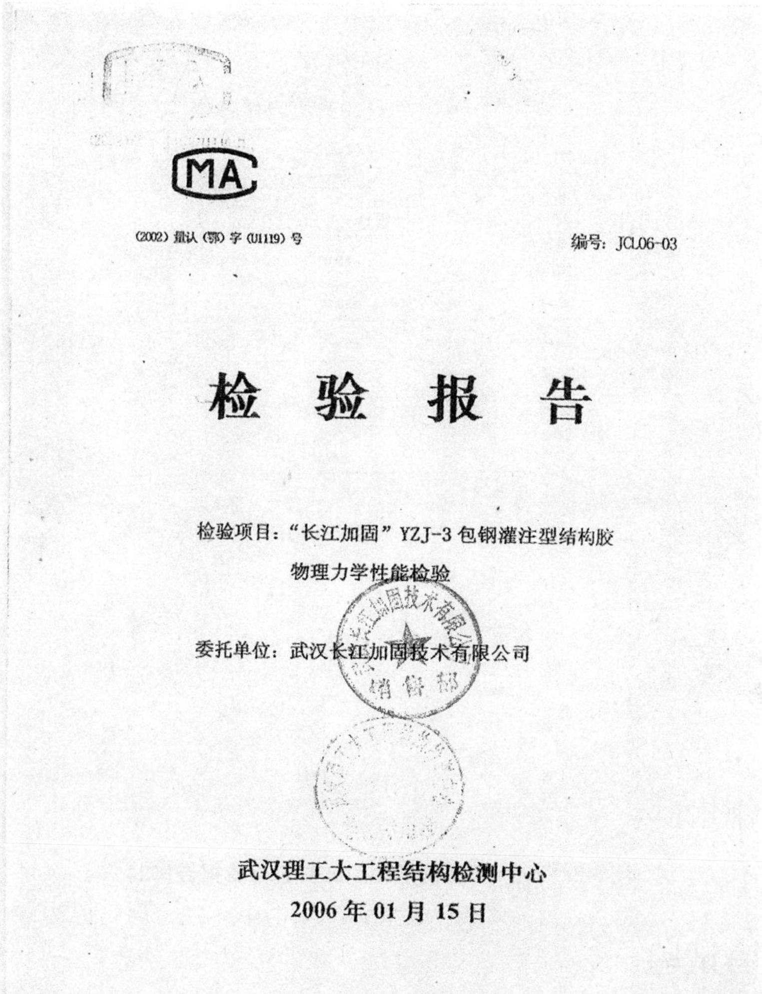

(2002)量认(鄂)字(U1119)号

编号: JCL06-03

检 验 报 告

检验项目:“长江加固”YZJ-3 包钢灌注型结构胶

物理力学性能检验

委托单位:武汉长江加固技术有限公司

武汉理工大工程结构检测中心

2006 年 01 月 15 日

图 6-1　YZJ－3 包钢灌注型结构胶检验报告(一)

检 验 报 告

共1页 第1页

委托单位：武汉长江加固技术有限公司

检验类别：委托　　　　检验日期：2006-01-15

检验结果：

YZJ-3包钢灌注型结构胶物理力学性能检验

检验项目		检验数量	标准指标(Mpa)	检验结果(Mpa)	检验标准
粘结性能	正拉强度（钢-砼）	5	≥max（2.5，f_{tk}）且为混凝土内聚破坏	4.9 砼破坏	新规范附录F GB/T2568-1995 GB/T2569-1995 GB7124-86 CECS25:90
	抗剪强度（钢-钢）	5	≥18.0	20.5	
胶体性能	抗拉强度	5	≥30.0	33.0	
	抗压强度	5	≥65.0	108.0	
	抗折强度	5	≥45.0	49.9	
检验结论		达到规范要求			

检验人：周祥 郭坚　校核：代红　技术负责人：易贤仁

图6-2　YZJ－3包钢灌注型结构胶检验报告(二)

6.2　现场试验

6.2.1　现场试验概况

生产科研项目现场试验由河南黄科工程技术有限公司组织进行，由业主和总承包方进行指导，针对工程中可能遇到的问题共进行了两次粘钢试验，地点分别选择在郑州市碧沙岗地下人防工事和回龙抽水蓄能电站调压室上室，两次粘钢试验分部对钢板安装、焊接工艺和灌注胶的可灌注性、设备适用性、结构胶封缝效果、灌注效果进行了综合检验，并对焊接对漆膜影响范围、化学锚栓适应性、焊接对化学锚栓适应性、环氧灌注胶和防腐漆的

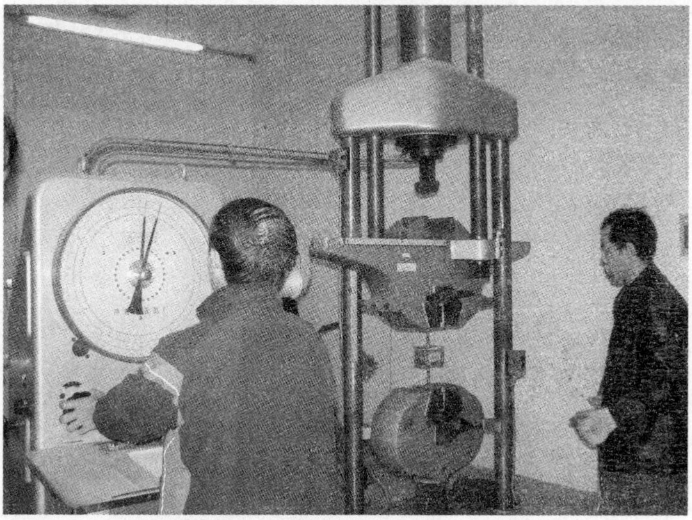

图 6-3　钢－混凝土粘结正拉强度试验

结合性能等相关问题进行了观测试验，试验过程真实、结果可靠，试验结束后提交了相关生产试验报告。现场试验过程见图 6-4 ~ 图 6-7。

图 6-4　现场试验——钢板和锚栓安装

6.2.2　试验的主要内容

（1）检测环氧灌注胶的可灌注性、灌浆设备的适用性、结构胶封缝效果、灌注压力、结构胶潮湿界面粘结性能。

（2）焊接对漆膜的影响范围。

（3）化学锚栓在潮湿混凝土中的适用性。

（4）焊接（塞焊）对化学锚栓性能的影响。

（5）洞内防腐漆的补涂效果检验。

图 6-5　现场试验——钢板焊接

图 6-6　现场试验——灌胶试验

(6)灌注胶和防腐漆的适应性。

(7)施工各个工序的效率检验。

6.2.3　试验设备、材料

6.2.3.1　材料

1 250 mm × 1 675 mm × 6 mm Q235 热轧钢板 2 块，ϕ 14 化学锚栓 20 只，$14^{\#}$铁丝若干，环氧富锌底漆，云铁防腐漆，环氧耐磨漆 1 套 10 kg，灌注胶 60 kg，封缝用结构胶 5 kg，阀门 10 只，化学灌浆设备 1 套。

6.2.3.2　试验设备

125 角向磨光机 1 台、金刚石磨光片 1 片、砂轮磨光片 2 片、电锤 1 台、手钻 1 只、磁座

图 6-7 现场试验——测漆膜附着力

钻 1 台、扳手 1 只、高压冲洗设备 1 套;单相交流焊机 1 台、焊条适量,6 m^3/min 空压机 1 台,喷砂设备 1 套,喷漆设备 1 套,CM－8820 漆膜厚度检测仪 1 台、钢卷尺 1 只,手推车 1 台,照明设备、架木及扒钉若干,试验用 70 mm×70 mm×40 mm 混凝土模具两组。

6.2.3.3 **人员配备**

工长 1 人,焊工 1 人,普工 8 人。

6.2.4 试验步骤

(1)试验地点的选择。考虑到其他因素,按照监理例会和甲方提供的情况,经协商最终选择在回龙抽水蓄能电站调压室,以调压室一侧垂直边墙作为本试验的作业面。

(2)照明及施工电源线路架设。根据试验工程用电要求,自生活区空气开关下端架设 5 mm^2 铜芯护套线,另加 350 m 长 12 mm^2 铝芯护套线将电源引至施工作业面,沿途紧靠调压井进出口洞壁底部,以防通行人员踩踏。

(3)脚手架架立。根据现场情况,为作业方便和增加用电绝缘效果,选用木结构脚手架,拟搭设高度为垂直距调压室底板 3～4 m,周围设安全护栏和支撑保护,防止人员坠落。

(4)放样。在调压室垂直边墙适当位置用水平尺确定底边位置,作水平线,而后依据此水平线量出 260 mm 作为作业宽度范围,并向上作出 260 cm×170 cm 的矩形,作为混凝土基面打磨范围。

(5)混凝土基面打磨。在放样区域用 125 角向磨光机反复打磨基面,直至露出新鲜混凝土,而后用高压清水冲洗干净。

(6)钢板就位。采用人工手抬就位,就位后设立临时支撑,使钢板紧靠侧壁混凝土。

(7)植化学锚栓。用ϕ 16 冲击钻头自钢板预设孔位套打植化学锚栓孔,孔深 130 mm,清孔后逐孔植入化学锚栓,静置 30 min 后逐孔用扳手紧固。

(8)钢板焊接。按照焊接规程将两块钢板之间的竖直缝焊接完整。

(9)锚栓孔塞焊。逐孔将化学锚栓螺帽去掉,而后切除露出钢板的锚栓头,用电焊将锚栓与钢板之间的缝隙塞焊密实。

(10)封缝。用磨光机将钢板四周打磨出沟槽,用结构胶将钢板四周的缝隙沿沟槽封闭。

(11)灌胶。按自下而上的顺序,在 0.2 MPa 压力下逐孔灌注胶液,直至钢板与混凝土之间的缝隙全部灌满,灌胶结束时保持 0.2 MPa 压力持续灌胶 3 ~5 min 后停止。

(12)拆除灌胶嘴:待胶液固化(约 24 h)后将灌胶嘴拆除,并用封缝胶将拆除灌胶嘴后钢板表面的小孔修补至与钢板平滑。

(13)涂装。清理焊接后漆膜损坏的部位,并按要求补涂防腐涂料。

(14)检查验收。按照试验方案检查试验效果,对试验结果进行评价。

(15)清理现场。拆除脚手架,清理调压室底板施工杂物、垃圾,拆除供电线路,检查无误后撤离现场。

6.2.5 试验结果及分析

(1)对试验过程中焊接对漆膜的影响宽度、化学锚栓植入后的紧固时间间隔、灌胶量及作业时间、漆膜厚度、漆膜附着力进行了现场见证记录,见表 6-5 ~ 表 6-6。

表 6-5 焊缝对漆膜的影响宽度

焊缝测点	漆膜损坏边缘距焊缝中心距离(mm)	说明
1	36	随机测量
2	44	随机测量
3	37	随机测量
4	39	随机测量
5	42	随机测量
6	37	随机测量
7	35	随机测量
8	40	随机测量
9	44	随机测量
10	38	随机测量
平均影响距离	39.2 mm	

①焊接钢板对漆膜的影响范围:根据试验段实际测量记录,漆膜在焊缝处受焊接影响最宽处 44 mm,最窄处 35 mm,平均影响宽度 39.2 mm。

②塞焊锚栓对漆膜的影响范围:根据试验段实际测量记录,漆膜在焊点(螺栓焊接处)处受焊接影响最宽处 45 mm,最窄处 32 mm,平均影响宽度 37.2 mm。

③化学锚栓在植入后,锚固胶液有一个凝固时间,试验中测定了从螺栓植入到胶液凝固螺栓能够承受一定拉力的时间间隔,现场记录中超过 20 min 的锚栓均是由于受到现场

施工时的不确定因素干扰而拖延，一般情况下 15 min 紧固，可保证钢板被固定牢固。针对化学锚栓的适用性进行了原位拉拔试验，其中焊接后锚栓拉拔一组，焊接前锚栓拉拔试验一组，试验结果均满足设计要求。在随后的施工中由于温度的下降，如果不采取相关措施，螺栓胶液的凝固时间都在 20 min 以上，但是经过加温处理后，一般控制在 10 min 左右，通过本次试验的实际测量给后来的施工提供大量的可以借鉴的试验数据。

表 6-6　焊点对漆膜的影响宽度

焊点测点	漆膜损坏边缘距焊点中心距离(mm)	说明
1	32	随机测量
2	36	随机测量
3	38	随机测量
4	33	随机测量
5	35	随机测量
6	38	随机测量
7	37	随机测量
8	45	随机测量
9	35	随机测量
10	43	随机测量
平均影响距离	37.2 mm	

④胶液灌注工作在封缝完成后，待封缝胶完全固化后进行，一般时间间隔为 24 h。在胶液灌注前做压气试验，检验钢板与尾水洞洞壁之间的密闭性。现场配制时将灌注型结构胶的 A、B 组分按照比例配制，每次配制适量即可，如果灌注的速度较快，可以适当加大配制量，但是需要有相关的技术人员进行指导。胶液灌注时由于灌胶管道较长，有一定的压降，在灌注时为了加快灌注速度，将灌注压力增加到 0.4 MPa(压力罐空气压力值)，胶液灌注速度明显增加，为防止在灌胶的过程中由于压力的增大而导致钢板的变形，对灌注过程中的钢板变形进行了检测，通过在钢板表面粘贴应变片，实时测量了钢板的变形，测量的结果显示，钢板的变形比较小，影响不到钢板的稳定性。为检测灌注胶与钢板的粘结性能，按 GB 50367—2006 附录 F 制备两组，一组钢模块打磨后直接和混凝土采用亲水环氧灌注胶粘结，一组钢模块打磨后喷环氧富锌底漆后和混凝土采用亲水环氧灌注胶粘结，试验结果表明，其粘结强度均大于设计值。

⑤采用 CM8820 涂层厚度检测仪进行了漆膜厚度检测，检测随机抽取了 10 个测点，测试数据最小 210 μm，最大 330 μm，平均 290 μm，且满足 SL 105—95 规范的两个 85% 要求。

⑥采用 60°角法进行了漆膜附着力检测，共检查测点 6 个，分别在焊缝处、锚栓处、钢板中间及边角处进行，结果满足 SL 105—95 的要求，漆膜无脱落现象。

(2)邯郸鼎旺紧固件有限公司生产的 M14 化学锚栓，针对锚栓的焊前和焊后拉拔能力进行了现场原位拉拔试验,试验结果最大 58 kN,最小 27 kN,平均 41 kN,均超过了设计 20 kN 的要求,其在本工程中的适用性满足要求。

(3)本次试验进行了现场粘钢的取样工作,结果符合设计要求,在胶体黏附下,混凝土层脱落,证实了武汉长江加固技术有限公司生产的 YZJ－3 包钢灌注型亲水环氧灌注胶的粘结性能。

(4)本次试验圆满地完成了预定的试验内容,试验模拟了尾水洞内施工时的工况,取得了真实可靠的试验数据和结论,试验总结的经验弥补了操作人员经验的不足,为洞内施工安全、顺利地进行提供了可靠的保障。

第7章 施工工艺及技术要求

在建筑结构外表面采用粘结某种材料达到补强加固的目的，对施工技术的要求特别严格，因为粘结的补强材料与被加固物体必须完全结合，联合变形，共同受力，被粘结的补强材料靠粘结传递变形和应力，如果没有良好的粘结基础和前提，即使粘结材料的强度再高、理论再先进、计算再精确都是毫无意义的。

本章主要结合岭龙工程的施工环境特点，对隧洞内衬钢板灌胶加固技术的施工工艺流程和施工技术要求作一介绍。

7.1 施工环境特点

岭龙工程在钢筋混凝土隧洞内衬钢板灌胶加固技术应用不同于目前传统的局部结构粘钢加固，本工程是对洞径3.2 m的水工隧洞进行整体加固及防渗，总加固面积870 m^2，单块钢板质量197.23 kg，每个单元的粘钢面积约25 m^2，且洞内施工场地狭小，以上这些条件都对该加固技术的实施工艺提出了更高的要求，因此对施工工艺研究也有特别的要求，以适应该加固工程的特殊需要。该工程的特点主要体现在以下几个方面。

7.1.1 施工环境

尾水洞洞壁的直径为3.2 m，空间非常有限，这对施工中各种施工方案的设计提出了较高的要求。洞径较小，大型的设备不易采用，在整个施工的过程中只能采用人工运输及安装，并且洞内的施工交叉影响都比较大，这对施工组织设计提出了较高的要求。

7.1.2 钢板安装

在施工的过程中对尾水洞进行了单元划分，每个单元的粘钢面积约25 m^2，钢板在安装完成后，需要焊接在一起，因此在安装的过程中必须保证一定的安装精度；再者由于尾水洞存在7.5%的坡降，加之浇筑的时候由于各种原因造成的跑模的影响，尾水洞的洞壁并不是很规则，因此安装钢板时必须现场放线，并对钢板做适当的裁剪；由于灌注型结构胶存在一定的收缩性，为了保证灌注胶的质量，防止出现空鼓现象，在安装钢板的过程中必须保证钢板与尾水洞内壁之间的空隙在5 mm左右，因此钢板的安装具有一定的施工难度。

7.1.3 灌胶工艺

由于尾水洞是圆弧状，而且每个单元的灌注面积大约都在25 m^2，为保证灌胶后不出现空鼓现象，必须采取合理的施工工艺。胶液灌注必须是从每个单元的最底下开始往上灌注，这样钢板与混凝土之间的空气就可以从上面的灌胶嘴中排出，防止空气被胶液封堵在里面而造成空鼓。

7.1.4 钢板防腐

钢板安装后在尾水洞运行期间会受到高速水流的冲刷,因此对钢板的防腐耐磨提出了一定的要求。为了保证钢板的抗磨性能,首先对钢板进行喷砂除锈,然后在钢板表面进行防腐耐磨漆的喷涂,直到满足设计的要求。

7.1.5 工期较短

由于在尾水洞加固的过程中电站的发电将受到一定的影响,为了保证电厂的效益,工期应尽可能的短,因此在施工的过程中必须合理安排洞内的施工作业,保证在施工的过程中每道工序都能顺利而有序的进行,从而保证施工工期。

7.2 施工工艺流程

结合岭龙工程的特点,主要施工工艺流程如下:

(1)施工准备:可在明埋段开口前进行,包括施工道路、材料准备、钢板加工、钢板表面预处理等。

(2)明埋段开口:自尾水洞停水后开始,包括洞内排水、钢筋混凝土衬砌开挖、在洞口搭设龙门吊、洞内清理等。

(3)洞内通风、照明、排水设施安装。

(4)混凝土表面清理:包括洞内放线、现状测量、混凝土表面凿毛、有错台部位整平等,清理完毕后水洗冲洗、表面吹干等。经检验合格后方可进行下一步工序。

(5)钢板装配、焊接、植筋等:将钢板运至工作面附近堆放,根据钢板上预留的植筋孔位置,在尾水洞内壁钻孔、洗孔、吸干孔内水分后方可植筋。

孔内灌注植筋胶、植筋,利用自锁式锚杆的自锁能力将钢板临时固定。根据现场钢板定位情况,割除多余钢板,使之定位准确。调整调节螺栓,使钢板尽量紧贴衬砌内壁,并保持圆形。钢板就位后需等待植筋胶固化,经验收合格方可进行焊接施工。钢板纵、横缝焊接完毕后对植筋部位塞焊。

(6)灌注结构胶施工:为保证灌胶效果,每焊接完一段钢板后,用密封材料将钢板两端密封,这样注胶施工时可分仓灌胶。注胶施工前,首先装设灌浆嘴,对衬砌内壁进行水洗冲洗,然后表面吹干后方可灌胶,自下而上灌注结构胶。灌浆过程中用小锤敲击钢板,使灌胶密实。灌胶结束后封堵灌胶嘴。

(7)结构胶固化。

(8)清理、打磨、涂防锈漆:结构胶固化后,将自锁式锚杆螺栓头、灌浆嘴等进行割除、清理、打磨,对焊接受损部位的钢板表面涂防锈漆。

(9)质量检查及验收:对处理段组织施工验收。对不合格部位及时处理。

(10)缺口钢板封堵:缺口钢板封堵工艺与处理段基本相同,施工过程可尽量与处理段交叉进行,仅留出 1 m×1 m 开口待人员及设备撤出后进行焊接。

(11)洞内冲水运行,尾水洞恢复运用。同时进行洞外钢筋焊接,混凝土封堵及浆砌石、石渣回填等工作。

7.3 施工技术要求

7.3.1 钢板加工

7.3.1.1 原料采购

从结构补强的角度考虑,应采用强度高、弹性好、适宜焊接、便于施工的钢板。

本工程采用的钢板为热轧 Q235 钢,从质量有信誉的国家大型企业采购,采购后及时向监理工程师报验,经质量检测中心进行原材料材质检验合格后,应用于工程中。

7.3.1.2 钢板裁剪

钢板采购后,根据施工图在加工厂将钢板裁剪成长 3.35 m、宽 1.25 m 的钢板块后运至施工现场。

7.3.1.3 钢板打孔

裁剪完成后,根据设计施工图,在钢板上打孔,其中 ϕ20 圆孔为植化学锚栓孔,用以固定钢板;ϕ10 圆孔为调位兼注浆孔,打孔完成后进行攻丝,以便于螺杆和灌胶嘴安装。

7.3.1.4 卷板

卷板工作在钢板打孔完成后进行,将钢板卷成直径为 3.2 m 的弧形。加工后的钢板见图 7-1。

图 7-1 加工后的钢板

7.3.1.5 钢板存放

钢板存放时采取以下措施进行成品保护:

(1)钢板存放在料场外侧,以方便运输。

(2)钢板卷存放时应立放,不允许重叠堆放,以防止钢板变形。

(3)钢板下部垫高,不能接触地面,上部覆盖彩条布,防止返锈影响施工。

7.3.2 钢板喷砂除锈

钢板喷砂除锈分两个部分进行。

7.3.2.1 进洞前的打磨

(1)钢板裁剪及钻孔完成后,将钢板凸面进行喷砂除锈,最大程度的缩减了洞内施工工期,保证打磨质量,处理满足以下要求:

①采用喷砂除锈除去钢板表层锈迹等污物,露出钢材本色。

②喷射用的石英砂干燥、清洁。

③喷射用的压缩空气过滤除水。

④钢板除锈后,在4 h内进行涂装作业,防止返锈。

(2)质量要求。

①钢板除锈后的除锈等级满足《涂覆涂料前钢材表面处理》(GB/T 8923.2—2008)要求,目视检测。

②目视对比检测,除锈后表面粗糙度达到40~70 μm 。

7.3.2.2 进洞后的打磨

钢板进洞后的打磨主要是对焊缝部位、植化学锚栓连接部位及灌胶嘴处的打磨,如在有返锈现象的部位,采用较大功率的砂轮机打磨,打磨的纹路方向应垂直于钢板受拉方向。特殊部位用切割机切除,然后进行打磨部位的二次涂装,其要求如下:

(1)钢板表面平整,焊缝、施工时突出的锚栓、灌胶嘴等全部切除并打磨平整。

(2)其他部分用金属刷清除表面可能的浮锈、油污、灰尘等。

7.3.3 明埋段开口

由于本工程是在已经建成运行的电站尾水洞内进行施工,为解决钢板运输及施工通道,经设计研究,决定在尾水洞明埋段开口,作为粘结加固施工过程中的材料及人员通道,待粘结加固处理后将明埋段封堵。

7.3.3.1 明埋段开口准备

明埋段外部浆砌石和回填石渣的开挖工作在电站停止运行前已经完成。全部施工场地平整、电源、备用电源、料场、卷板及喷砂车间、风机、焊机、电缆线和照明设备等的准备工作在明埋段开口施工前全部完成。采用人工挖掘将明埋段上部的浆砌石、杂碎石头、黏土等物料全部开挖,露出尾水洞混凝土浇筑段,将开挖段两边修整为70°斜坡并砌石(砌砖)保护,防止边坡坍塌,挖掘出的砂石料等物料就地铺平碾压密实,增大施工作业场地,便于施工材料的运输和调度。

7.3.3.2 明埋段的开口

电站下闸停止发电后,进行明埋段混凝土浇筑层的开挖。其工作程序如下:

(1)清理明埋段混凝土浇筑层开挖段的表面,使开挖施工作业可以顺利展开。

(2)清理完成后,用风钻在尾水洞衬砌混凝土顶部打孔,以穿透尾水洞混凝土层为准。

(3)打孔完成后,用风镐沿预先打好的孔开凿尾水洞混凝土层,最终开挖成一个 1.6 m×2.0 m 的洞口,在开挖完成后及时清理开挖出的混凝土碎块,并运输至洞外。

(4)尾水洞混凝土层中的钢筋在开凿过程中需截断处理,为了满足明埋段封堵的要求,钢筋按图纸会审纪要商定的方法切割处理,保证在后面施工过程中各种施工材料的畅通运输。

(5)开挖完成后清理开挖过程中的混凝土等建筑垃圾,保证正常施工。

(6)洞口开挖可以进人时,及时架设电缆进入洞内并可进行洞内照明、施工区放线工作,依据 DW_1 和 DW_2 设置洞内 A、B 点,根据设计提供的 A、B 点桩号用钢卷尺进行施工作业面放线,并用全站仪进行校核。

7.3.3.3 检验验收

开孔附近的斜坡无坍塌现象,开挖尺寸满足设计要求,材料运输通道平整,且施工场地满足进洞材料临时堆放要求。尾水洞明埋段开孔见图 7-2。

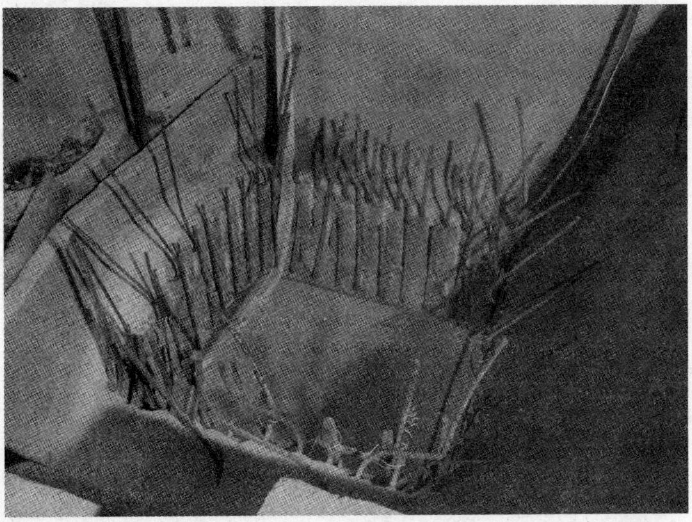

图 7-2　尾水洞明埋段开孔

7.3.4 导流排水

闸门的漏水及上游洞内的渗水会给施工带来较大的影响,为了解决这个问题,在尾水洞内修筑一挡水围堰并用潜水泵将积水抽至洞外,该工作在尾水洞开口可进人后进行。首先在上游区距开挖口 10 m 左右的地方堆放袋装黏土修筑挡水围堰,并人工夯实,高度大约 1.2 m。为防止施工中泥水流向下游,可在围堰背水侧铺设土工织物,以此保证下游作业面清洁;然后在上游区距开挖口 3 m 处修筑 1.2 m 混凝土挡水围堰,并在上游侧外粉刷聚合物砂浆作防渗层,待到混凝土凝固并具有一定的强度后,将上游的土筑围堰开挖,然后用水泵抽取尾水洞内积水,并排放至洞外。

7.3.5 通风设备安装

为保障洞内施工人员安全,尾水洞内施工时安装了通风设备。

7.3.5.1 **安装位置**

为了不影响施工，同时保证施工区内空气流通，通风设备为 5 台 0.75 kW 轴流式风机，从施工区下游侧向调压井方向布置，每隔 50 m 一台，每台风机排风量为 10 000 m^3/h，空气从明埋段开口处进入，从调压井处排出。

7.3.5.2 **风机安装要求**

(1)风机安装在洞内施工区下游侧，距施工作业面距离不小于 15 m。

(2)风机安装必须固定，以保证安装牢固，运行可靠。

(3)为保证施工人员安全，风机安装有面罩保护。

(4)施工过程中风机根据作业情况开机，保证洞内空气新鲜充足。

7.3.6 混凝土表面处理

加固处理前的尾水洞见图 7-3。

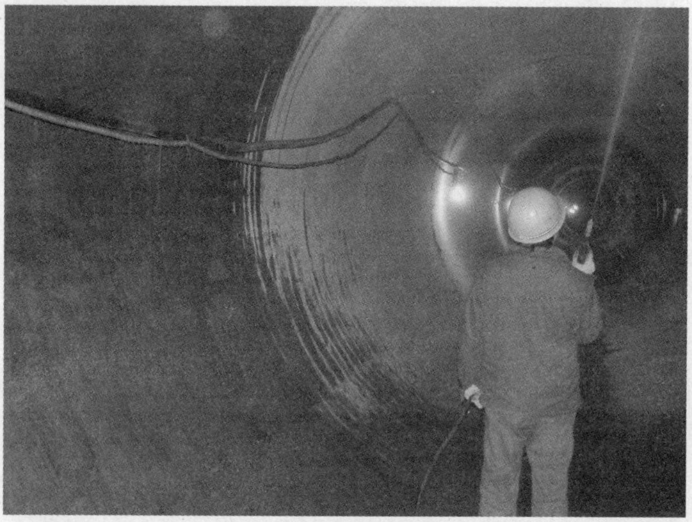

图 7-3 加固处理前的尾水洞

7.3.6.1 **处理措施**

(1)原尾水洞由于一段时间的运行，其衬砌混凝土基面已经不能满足施工要求，必须进行人工处理：原有混凝土表层松动、起皮部分清除干净，并采用 125 角向磨光机打毛，然后用高压水冲洗干净。

(2)处理前用事先制作的直径 3 200 mm 的 1/3 标准圆对尾水洞加固区进行校核，每隔 1 m 设一个控制断面，对高出部分人工凿除后用修补剂修补平整；对凹陷部分凿毛后用修补剂修补至标准圆断面。

7.3.6.2 **施工要求**

(1)基面表层松动、起皮部分全部清除干净，并用高压水冲洗。

(2)基面有较大破损处采用结构胶进行修补，结构胶在拌制后 30 min 内使用完毕，初凝后不可继续使用。

(3)对于混凝土表面过大的突出部位，人工修整后用 125 角向磨光机将表面处理平整。

7.3.6.3　**检验验收**

基面处理采用人工目视检验，处理后的混凝土表面外观比较平整、新鲜，不存在未处理的现象，且无较大的凸凹存在。对尾水洞的圆度采用断面控制，每隔 1 m 用特制的 ϕ3 200 mm标准圆进行校核，断面间采用目视检验，以保证洞壁圆度规则，利于钢板安装和控制总体工程质量。

7.3.7　钢板运输

钢板运输是本工程的重要组成部分，运输工作的好坏将直接影响钢板的安装和焊接，并影响整个加固工程工期，因此设专人负责，保证运输。

(1)钢板在现场加工车间加工完成，并在钢板凸面完成底漆喷涂后集中妥善堆放，以备运输。

(2)洞口场地平整、洞外排水措施完善后即可将钢板从加工车间运至洞口附近。

(3)洞口施工完成后在洞口上方架设桁架吊车。

(4)钢板采用小车运输。

(5)运输满足以下条件要求：

①钢板运至洞口后，通过桁架吊车将钢板垂直吊入尾水洞，放置到专用小车上，固定牢固后人力运输至预定位置(见图 7-4)。

图 7-4　钢板由明埋段开孔处下洞

②加固段共完成 206 块钢板(440 m^2)安装，在施工班组进洞时由班组负责运至洞内，每次运输 3 块(完成一圈钢板安装的钢板量)。

③钢板运输时按施工班组的工作面安排，下游侧先进入，避免了后期作业交叉相互影响。

7.3.8 钢板拼装

7.3.8.1 安装设备

为了保证工程的顺利进行，考虑到在尾水洞内施工空间有限，不利于大型设备进入展开，在进行了试验段工程检验后，确定采用人工利用小型设备安装的方案。

7.3.8.2 钢板安装的交叉通行

洞内交叉通行不可避免，由于洞内空间有限，脚手架等采用组合式脚手架，运输时拆除，运输完成后再组装。

7.3.8.3 钢板安装步骤

(1)将钢板用小车运至施工作业面。

(2)首先安装顶部钢板，将钢板放在顶升设备(采用手动或电动葫芦，起重量 0.5 t)上，调整钢板位置使钢板轴线与尾水洞轴线平行，用自制螺杆将钢板顶紧在尾水洞顶部，并再次调整钢板位置。

(3)采用植化学锚栓工艺，在钢板植化学锚栓孔位处套打植化学锚栓孔，植入 ϕ14 高强锚栓，锚栓植入后 10 ~ 15 min 拧紧螺母，同时拆除支撑装置，同时在锚固剂固化后可满足单根锚栓抗拔力不小于 2 t 的技术要求，高强锚栓的锚固力起到临时固定钢板的作用。

(4)提升并安装另外两块钢板。

(5)钢板临时固定后，在调位孔处安装调位螺栓，通过锚栓的伸缩调整钢板和尾水洞混凝土衬砌的间隙，同时也可调整钢板拼接焊缝的位置。

(6)钢板位置调整完毕并固定后即可进行焊接工作，环向接头部分如有长出，可用乙炔气切除后焊接。

7.3.8.4 安装要求

(1)钢板安装完成后，保持洞内圆形基本不变，钢板没有明显的突起和凹陷，如有较大的突起，可采用增加高强自锁锚栓的方式压紧。

(2)钢板安装要求自钢板一端开始，沿尾水洞环向钢板另一端逐孔安装自锁锚栓，直至完成钢板安装，以使钢板紧贴洞壁，利于钢板拼接时的调整、焊接。

(3)钢板安装过程中遇混凝土中钢筋，采用磁座钻在相邻位置重新钻孔后植入锚栓，原植化学锚栓孔在钢板灌胶前采用结构胶封堵。

(4)钢板安装以两圈钢板为一组，相邻组间钢板接缝隔 3 ~ 5 cm，注胶前用结构胶封堵(见图 7-5)。

7.3.9 植化学锚栓

(1)为了有效地固定钢板，需要在尾水洞壁植高强化学锚栓(见图 7-6)。

(2)在洞壁上植入 ϕ14 mm、长 180 mm 高强化学锚栓，植入深度≥120 mm；锚栓设计抗拔力 20 kN，极限抗拔力 58 kN。

(3)高强化学锚栓需在钢板调整到位后，依据钢板上预先制作的孔位植入，保证钢板固定时位置准确。

(4)施工工艺为：依据钢板位置打孔→清孔→植化学锚栓→保护→检验→使用。

图 7-5　钢板拼装

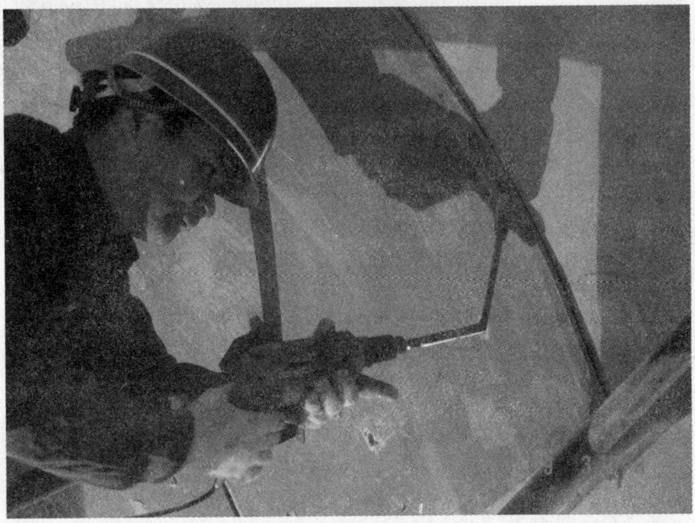

图 7-6　植锚栓施工

①打孔。根据设计要求，按照钢板调整后对的位置，用电锤钻孔，钻孔孔径 16 mm，深度≥130 mm。

②清孔。用柱状毛刷插入植化学锚栓孔内，往复拉动毛刷刷去孔壁浮灰后，用压缩空气将孔内灰尘清除干净。

③植化学锚栓。先将化学锚栓药管塞入孔内，再将锚栓顺孔在手电钻辅助下旋转插入孔内。

④保护措施。化学锚栓植入后，约 15 min 后即可进行钢板安装，锚栓锚固后 24 h 可承受运行荷载（单栓抗拔力均大于 20 kN）。

⑤植锚栓施工满足以下要求：

a. 材料进场后及时向监理工程师提供材质证明书及产品合格证；

b. 化学锚栓植入完成后，在施工现场做原位拉拔试验，抽检锚栓全部符合质量标准。

7.3.10　钢板拼缝焊接

钢板焊接工序是钢板安装生产中的一道关键工序，其质量的好坏直接影响尾水洞安全运行的可靠性(见图7-7)。安装现场影响焊接的不确定性因素多:作业区狭小、阴暗潮湿、施工部位杂、范围广、管理难度大等，因此施工严格按照以下要求进行。

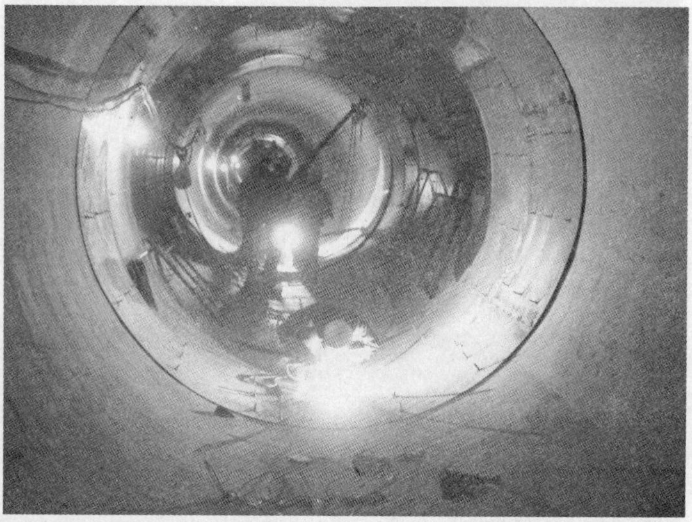

图7-7　钢板焊接

7.3.10.1　焊接坡口及接缝清理

(1)钢板安装前进行焊接坡口打磨工作，保证焊接质量。

(2)施焊前，将坡口及其两侧10～20 mm范围内铁锈、熔渣、油垢、水渍等清除干净，以保证焊接质量。

7.3.10.2　钢板拼缝

钢板安装完成后，利用调位螺栓调整钢板位置，拼缝满足如下要求：

(1)钢板与尾水洞衬砌混凝土间隙不大于5 mm。

(2)预留钢板轴向受力拼缝在圆周下部侧面，相邻钢板拼缝一左一右插花布置(即焊缝朝45°斜上方)，保证焊工俯焊，避免了仰焊易造成的焊接缺陷。

(3)钢板以两圈钢板为一组进行焊接。相邻组间钢板接缝隔约3 cm，注胶前用结构胶封堵。

7.3.10.3　焊接材料

本工程所用钢材为Q235级，选用E43系列碳钢结构焊条。焊条使用、保存满足如下要求：

(1)焊条放置于通风、干燥和室温不低于5 ℃的专设库房内，设专人保管、烘焙和发放，烘焙温度和时间按厂家说明书规定进行。

(2)焊条药皮无脱落和裂纹。

(3)现场使用的焊条装在专用保温桶中。

7.3.10.4 **焊缝质量要求**

(1)焊缝外观:焊缝外形均匀,焊道与焊道、焊道与基本金属之间过渡平滑,焊渣和飞溅物清除干净。

(2)不允许有表面气孔、咬边现象。

(3)多层施焊时层层焊渣清除干净。

(4)焊接人员均取得有关单位颁发的焊接证书。

(5)焊接完成后,由焊工在焊缝附近符合要求处标焊工印记,以便于质量检查和现场管理评定。

7.3.10.5 **焊缝检查**

(1)焊缝探伤检测在焊缝经外观检测合格后进行。

(2)现场委托黄河水利委员会基本建设工程质量检测中心采用超声波无损探伤仪,用直射法探伤,结果全部满足设计要求。

7.3.11 灌注结构胶

7.3.11.1 **加固施工要求**

施工工艺为:封堵缝隙→安装灌胶嘴→亲水性环氧树脂胶配制→灌注亲水性环氧树脂胶→检查验收。

7.3.11.2 **封堵缝隙**

每组(两圈)钢板安装焊接完成后,用结构胶封堵钢板与混凝土衬砌结合处的缝隙,封堵前采用角磨机在两组钢板间磨槽,将钢板与尾水洞衬砌混凝土间空隙分割成以两圈钢板宽度为限的环形区域,这样在灌注的过程中可以分段灌注,施工质量容易控制。

7.3.11.3 **安装灌胶嘴**

钢板焊接施工完成后,将部分钢板调位螺栓更换为灌胶嘴,安装时在灌胶嘴上包密封带,防止胶液渗漏,安装的灌胶嘴既是胶液进入的通道,也是灌胶时的排气孔。

7.3.11.4 **亲水环氧树脂的配制**

根据单位时间施工面积计算所需要的亲水环氧树脂胶,每次拌和量保证亲水环氧树脂胶初凝固化前全部使用完毕,施工时单个灌胶嘴每次配制的胶液量不宜超过 5 kg。若灌胶速度较快,能够满足前述要求,则允许适当增加一次配制量。若灌胶过程中出现胶液固化现象,则不能继续使用,同时灌胶器械要及时用丙酮清洗,防止管路堵塞。亲水环氧树脂胶配合比严格按照说明配合比称量或换算成体积比后量取。

7.3.11.5 **灌注亲水环氧树脂胶**

(1)灌注:将拌制好的亲水环氧树脂胶注入灌浆罐中,采用空气压力机沿预留的灌浆孔将亲水环氧树脂压力注入尾水洞混凝土衬砌保护层和钢板之间的空隙。由于亲水环氧树脂的可流动行极好,因此无需振捣,亲水环氧树脂进入尾水洞混凝土保护层和钢板之间的空隙后,即可借助压力自动流满。

(2)灌注要求:为了便于灌注过程的空气排出,从钢板底部灌胶孔开始灌胶,不允许从上部灌胶嘴灌胶。灌注开始后,需连续进行,直至一个灌注单元施工完成,不允许在灌浆中途停止灌浆。

(3)灌胶开始后,上部灌胶嘴充当排气孔,当观察到上部灌胶嘴有胶液流出时,说明两个灌胶嘴之间的钢板空隙已经灌注密实。此时停止从下部灌胶嘴灌注,将下部灌胶嘴封堵后,从上部灌胶嘴开始继续灌胶,依次交替,直至将整块钢板全部灌满。

(4)灌胶结束后数小时内,观察胶液粘稠度,失去流动性能后即可取出或切除灌胶嘴,取出灌胶嘴的孔洞必须用结构胶填平,以方便钢板涂装施工。

7.3.11.6　注意事项

(1)拌制好的亲水环氧树脂初凝流动性变差后,不允许加丙酮等稀释剂稀释后再次使用,应立即倾倒入废液桶中。

(2)施工的机具及时用丙酮清洗干净,以备下次使用,清洗的废液及时倒入废液桶中。

(3)现场使用的亲水环氧树脂胶中严禁掺入其他的外加剂、外掺剂。

(4)亲水环氧树脂胶在钢板和尾水洞壁之间自然硬化,无需养护处理。

7.3.11.7　检验验收

(1)现场检验可采用人工锤击法检测,依据声音的不同判断亲水环氧树脂在钢板和衬砌间是否灌注密实。

(2)检验也可采用超声波法检测,该方法用于钢制衬砌与围岩接触灌浆密实性检测。

7.3.11.8　化学灌浆施工必须遵守以下安全规定

1.化学灌浆材料的毒性

目前使用的化学灌浆材料一般都具有一定的毒性,包括刺激性、腐蚀性、致敏性及易燃易爆性等。针对这些危害健康的因素,施工时须采取有效的防护措施。

2.防护措施

1)有效通风

采用的化学灌浆材料,如具有毒性或刺激性臭味,采取有效的通风设施。现场施工时,工作人员尽量避免在浆液下风位操作,以减少吸入有毒气体的机会。施工人员一般戴防护口罩,必要时戴防护眼镜,以防有毒气体刺激眼膜。

2)密封措施

有毒性和刺激性臭味的化学灌浆材料,密闭贮存,防止气体逸出,污染周围环境。

3)皮肤保护

现场施工人员均穿着防护服,戴橡胶或乳胶手套及专用袖套,尽量避免浆液沾污衣服、皮肤。如有沾污,立即洗净。操作时,不允许用手直接接触化学灌浆材料。现场配制浆液人员戴防护口罩,灌浆人员必须戴防护眼镜,以防浆液溅入眼部。

4)环境保护

施工结束后,剩余的浆液材料以及冲洗设备、管道后的浆液,集中妥善处理,以防造成环境污染。

5)防火防爆

对易燃易爆材料,如丙酮、甲苯等,贮存处必须远离施工现场,隔绝火源。使用时,严禁在现场吸烟,禁用明火加热易燃物品,禁止明火取暖。使用强火灯泡、碘钨灯照明时,采取灯管加防护罩保护的安全措施,以防止灯管爆炸而引起火灾。

6)个人卫生

在化学灌浆现场不进食,不吸烟。离开现场前洗手,皮肤沾有浆液的,可用热水、肥皂或酒精溶剂擦洗干净。黏着性材料如环氧树脂等贴着皮肤时,先用锯木屑或去污粉擦去,再用肥皂水洗净,不得用丙酮等渗透性较强的溶剂洗涤,防止有毒物质渗入皮肤。

7.3.11.9 施工安全和注意事项

(1)施工钢材为导电材料,施工时注意远离电气设备和电源,并采取可靠的防护措施。

(2)亲水环氧树脂胶的原料封闭保存,远离火源,避免阳光直射。

(3)亲水环氧树脂胶的配制和使用场所保持通风良好。

(4)现场施工人员采取相应的劳动保护措施(戴防护口罩和手套)。

(5)工作场所配备各种必要的灭火器以备救护。

(6)设置明显施工、车辆绕行、警示标志,施工人员必须头戴安全帽,确保施工安全,施工时远离电气设备及电源,或采取可靠的保证措施。

(7)所用的丙酮、结构胶、粘结剂等化学品分类保管,摆放整齐,统一管理,按规定要求存放。

(8)作业人员统一配发安全帽、口罩、手套等防护用品,危险部位施工系安全带(见图7-8)。

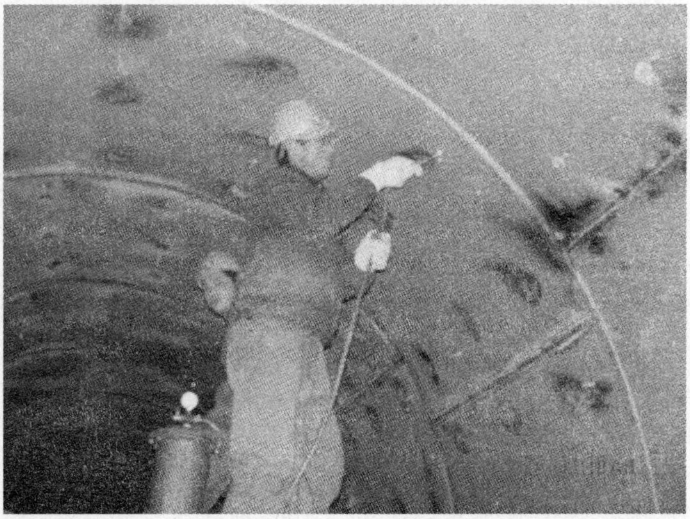

图7-8 灌注结构胶

7.3.12 洞内清洁

洞内进行钢板防腐处理前进行清洁工作。将施工过程中产生的垃圾、废弃物清理干净,切除临时植化学锚栓、灌胶嘴,保证洞内清洁,避免因遗留杂物而影响发电机组正常运行。

7.3.13 钢板涂装

7.3.13.1 表面预处理

1. 钢板卷板前进行除锈处理

(1)采用喷砂除锈除去钢板锈迹、油污、水渍、灰尘等污物,露出金属钢材本色。

(2)喷射用的石英砂干燥、清洁。

(3)喷射用的压缩空气经过过滤除去油水。

(4)钢板除锈卷板后,在凸面喷底漆,防止钢板在灌胶前返锈。

2. 质量要求

(1)钢板除锈后的除锈等级满足《涂覆涂料前钢材表面处理》(GB/T 8923.2—2008)的要求,目视检测。

(2)除锈后表面粗糙度达到 40 ~ 70 μm ,目视检测。

(3)钢板涂装前,用干燥压缩空气吹净,如发现钢板表面有油污或返锈,重新处理到原除锈等级。

7.3.13.2 钢板涂装

钢板卷板工序完成后,在钢板凸面进行涂装,材料选用普通防锈漆。注胶工序完成后进行凹面钢板涂装。

1. 钢板凸面进行底漆处理

调和环氧富锌底漆,控制油漆的黏度、稠度、稀度,兑制时充分搅拌,使油漆色泽、黏度均匀一致,底漆涂装完成后进洞安装。

2. 钢板凹面防腐基层处理

(1)按照设计文件要求,依次配制底漆、中间漆和面漆。

(2)涂装时底漆厚度 70 μm,中间漆厚度 80 μm,面漆厚度 100 μm。

3. 钢板质量要求

(1)涂料、稀释剂和固化剂等品种、型号和质量,符合设计要求和国家现行有关标准的规定。

(2)涂装前钢材表面除锈符合设计要求和国家现行有关标准的规定,处理后的钢板表面无焊渣、焊疤、灰尘、油污、水和毛刺等。可采用铲刀检查,用现行国家标准《涂覆涂料前钢材表面处理》(GB/T 8923.2—2008)规定的图片对照观察检查。

(3)没有误涂、漏涂,涂层无脱皮和返锈,采用目视检查。

(4)涂刷均匀,无明显皱皮、气泡,附着良好,附着力采用 60°角法进行现场检查。

(5)钢板进行补刷漆时,按涂装工艺分层补刷,漆膜完整,附着良好。

加固处理后的尾水洞见图 7-9。

7.3.14 明埋段封堵

尾水洞明埋段开口封堵,采用内衬钢板技术,其主要施工工艺与其他部位基本相同,但需在钢板上开孔以方便施工,洞内焊接、灌胶、涂装完成后即拆除洞内围堰,最后焊接封堵钢板开孔。其工艺如下:

图 7-9　加固处理后的尾水洞

(1)在封口钢板切割 1 200 mm×800 mm 圆孔,用于施工垃圾、电缆线及部分人员设备进出。

(2)按前述钢板安装工艺进行钢板安装、焊接。

(3)用修补剂封堵钢板与混凝土间缝隙(包括尾水洞开口处钢板与混凝土缝隙)。

(4)用亲水环氧树脂胶灌注钢板与混凝土间间隙。

(5)洞内钢板打磨清理,切除突出部分锚栓及灌胶嘴。

(6)钢板涂装。

(7)从钢板开孔处撤出不需要的机械设备及人员。

(8)利用自备电源从外部焊接封堵钢板开孔并打磨涂装,完成后人员设备从调压井撤出。

(9)在埋管段外侧焊接封堵钢板开孔。

(10)植化学锚栓绑扎钢筋网。

(11)刷界面剂、浇筑尾水洞衬砌混凝土。

(12)明埋段砾石层、浆砌石层恢复。砾石层每铺 200 mm 夯实一次。

第8章　技术总结及推广前景

8.1　钢筋混凝土隧洞内衬钢板灌胶加固技术总结

8.1.1　定义

钢筋混凝土隧洞内衬钢板灌胶加固技术是指采用经过数值计算及现场试验确定的加固材料、特定的系统施工工艺对钢筋混凝土结构隧洞缺陷、老化或存在失效风险区域进行系统锚固和粘结钢板，从而恢复或提高原有钢筋混凝土结构稳定和渗流等指标的加固技术。

8.1.2　适用条件

钢筋混凝土隧洞内衬钢板灌胶加固技术是一项针对已建钢筋混凝土隧洞因缺陷、老化或新建工程影响等因素导致隧洞病险或失效而采取的特殊加固技术，可广泛适用于钢筋混凝土衬砌的水工隧洞除险加固、新建隧洞对已有隧洞影响处理等工程。其适用条件为：

(1)已建钢筋混凝土结构衬砌(预制钢筋混凝土管或现浇钢筋混凝土衬砌)隧洞。

(2)原钢筋混凝土衬砌因缺陷、老化等原因使结构设计指标降低，需要恢复原功能的隧洞。

(3)由于各种原因导致的(如新建工程影响)需要提高原设计衬砌结构稳定、渗流等指标的隧洞。

(4)采用传统加固技术无法实现或环境条件要求苛刻，如水下运行或潮湿环境施工、施工空间受限等。

(5)对加固后水力学指标(如净断面、糙率等)要求严格的隧洞。

8.1.3　推荐计算方法

该加固技术工程应用过程需要计算的主要内容包括评价原衬砌结构状态的内力计算、评价结构影响的结构计算和渗流计算(如需要)、确定内衬钢板厚度、锚栓间距等指标的外压稳定计算。

推荐计算方法为有限元法结构应力计算、渗流计算；半解析有限柱壳单元法结合管壁临界外压经验公式法和 Mises 公式法对比计算内衬钢板抗外压稳定性。

8.1.4　材料选择

钢筋混凝土隧洞内衬钢板灌胶加固技术主要采用了三类材料：钢板、锚栓、钢 - 混凝土间灌浆粘结材料。钢板、锚栓根据实际工程结构和外压稳定计算选择(见3.2节);粘结材料宜采用包钢灌注型结构胶并根据具体工程通过试验确定(见4.1节)。

8.1.5 施工工艺

钢筋混凝土隧洞内衬钢板灌胶加固技术的基本施工工艺包括钢板的加工、排水导流、通风设备安装、植锚栓施工、混凝土表面处理、钢板运输、钢板喷砂除锈、钢板拼装、钢板拼缝焊接、灌浆、洞内清洁和钢板涂装。

各项工艺在本次加固技术研究的岭龙工程工艺研究过程中都有针对性具体措施(见4.3节),对于其他类似工程的实施有一定的借鉴意义,具体工艺可根据实际工程的特点具体研究。

8.2 推广前景

该加固技术是在借鉴国内外先进加固技术,并经过分析研究、理论计算并成功应用的一项新的加固方法,不同于以往的粘钢加固、内衬钢环加固,也与传统的灌胶加固存在一定的区别,该技术的研究并成功应用于实际工程中不仅有效地填补了我国在水工混凝土隧洞内衬钢板加固技术的空白,更是对传统的粘钢及灌胶加固技术的突破,在一定程度上是对现有加固技术的进一步完善。由于该加固技术具有施工周期短、施工质量易于控制的优点,因此可以将该技术在更大的范围内推广,如公路、铁路等其他隧洞的加固处理工程中,推广前景十分广阔。

参考文献

[1] 侯发亮,等. 建筑结构粘结加固的理论与实践[M]. 武汉:武汉大学出版社,2003.

[2] 李龙光. 关于混凝土结构修复补强工程中碳纤维片的耐久性能[J]. 江西广播电视大学学报,2002(3):57-59.

[3] 杨勇新,叶列平,岳清瑞. 碳纤维布与混凝土的粘结强度指标[J]. 工业建筑,2003(2):5-8.

[4] John S Horvath. Mathematical modeling of stress-strain-time be-havior of geosynthetics using the Findley Equation[R]. ManhattanCollege Research Report (CE/GE-98-3),1998.

[5] 刘东常. 全面外压圆柱壳稳定性问题的有限元分析[J]. 华北水利水电学院学报,1986(2):39-51.